Bastel die Welt besser!

Upcycling- und DIY-Ideen für Kinder

Birgit Kuhn · Elina Roth
Lucie Göpfert

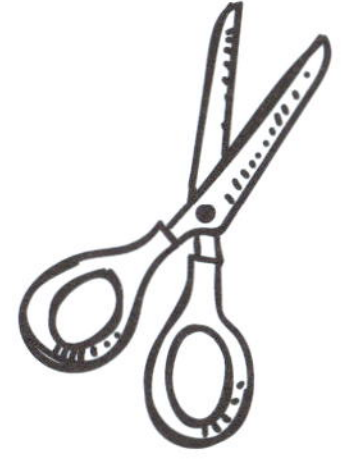

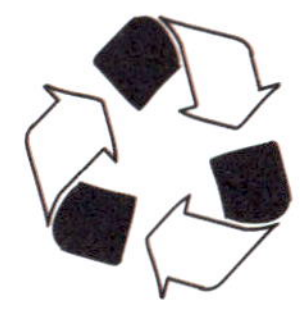

circon

Baierbrunner Straße 27, 81379 München
Ausgabe 2021

Text: Elina Roth (Seiten 24–27, 32–45, 72–91, 98 f.), Birgit Kuhn (Seiten 6–22, 28 ff., 47–70, 92–97)
Illustrationen: Lucie Göpfert
Illustrationen Affe, Welt: Martina Lengers
Redaktion: Lea Schmid
Fachredaktion: Umweltbundesamt, Nicole Schmidt und Diana Grube; Lars Wilker
Produktion: Ute Hausleiter
Abbildungen: siehe Bildnachweis Seite 110
Titelabbildungen: Lucie Göpfert (Illustrationen); shutterstock.com: calvin dexter (Erdkugel),
Rustle (Hintergrundbild), redchocolate (Doodles); AdobeStock.com: Petrova-Apostolova (Doodles);
Martina Lengers (Illustrationen Affe, Welt)
Gestaltung und Umschlaggestaltung: FSM Premedia GmbH & Co. KG

ISBN 978-3-8174-2956-1
381742956/1

Besuchen Sie uns auf Instagram und Facebook: circonverlag

www.circonverlag.de

Inhaltsverzeichnis

Vorwort

Nachhaltig basteln macht Spaß – und vermeidet Müll!

Du bastelst gerne und willst was Gutes für die Umwelt tun? Dann ist dieses Buch genau das Richtige für dich! Wir zeigen dir, wie du alte Gebrauchsgegenstände, die du normalerweise in den Abfall werfen würdest, in coole, aber auch nützliche Dinge verwandelst. Diese Gegenstände werden also zweimal verwendet und schonen so die Umwelt. Aus CDs wird bunter und glitzernder Fensterschmuck (siehe Seite 53), aus leeren Toilettenpapierrollen machst du eine Kugelbahn (siehe Seite 82) und aus einem abgetragenen T-Shirt kannst du in wenigen Schritten eine fancy Tasche herstellen (siehe Seite 24). Das Prinzip dahinter nennt man Upcycling, also aus alten Dingen stellst du neue her.

In diesem Buch erfährst du auch ein wenig Theorie zum Thema Müll, zum Beispiel, wie viel Müll jeder Haushalt durchschnittlich produziert, wie und wo man den Hausmüll richtig entsorgt und auch, was dann mit ihm weiter passiert. Wie du Müll aber überhaupt vermeidest, dafür haben wir auch ein paar wertvolle Tipps.

Liebe Menschenkinder!

Ich möchte euch als Vertreter einer bedrohten Tierart durch dieses Buch führen. Das Abfallproblem und seine Folgen setzen mir und meinen tierischen Freunden ganz schön zu! Durch die Müllverbrennung entsteht nämlich viel zu viel CO_2 und der Müll, der in der Umwelt landet, schadet vielen Tieren und Pflanzen. Ihr müsst also Müll vermeiden. Mit diesem Buch habt ihr schon einen Schritt in die richtige Richtung getan, bastelt also los!

So viel Müll!

Vielleicht ist dir auch schon einmal aufgefallen, wie viel Müll da liegt, wo er eigentlich nicht sein sollte: am Straßenrand, am Strand, im Meer, in den Bergen, in Parks.

Dieses Kapitel zeigt dir, wie viel Müll jeder Haushalt produziert, wie du ihn richtig entsorgst und wie du Müll jeglicher Art vermeiden kannst. Mit Upcycling kannst du aus Altem etwas Neues machen!

Müll, Müll, Müll!

Bringst du manchmal den Müll zur Mülltonne? Oder füllst du den Gelben Sack? Egal, ob du etwas in die Mülltonne wirfst, in den Gelben Sack gibst oder zum Recycling bringst – alles, was du und deine Familie nicht mehr benutzt und auch sonst niemand weiterverwendet und weggeworfen wird, ist Müll.

Essensreste, alte Kleidung, kaputtes Spielzeug, Lebensmittelverpackungen, leere Glasflaschen und Konservendosen, kaputte Glühbirnen, Druckerpatronen, kaputte Handys, Notizzettel, Kopien, die niemand mehr braucht, Werbezettel und Briefumschläge ... Wenn du dich umschaust, kommt in jedem Haushalt eine ganze Menge Müll zusammen!

Doch der Müll, den wir alle zu Hause „produzieren", ist nur ein kleiner Teil! Wenn im Supermarkt die Lieferungen ausgepackt werden, bleiben eine Menge Kartons und Plastikfolien übrig. Nicht zu vergessen die Lebensmittel, die nicht gekauft werden und deshalb schon im Supermarkt im Müll landen.

Auf Baustellen gibt es auch viel Müll: Wenn ein altes Haus abgerissen wird, entsteht Schutt. Dann wird ein neues Haus gebaut. Dabei bleiben Baustoffe und Verpackungsmüll übrig.

Dazu kommen Büros, Fabriken und Lokale: Wenn alte Computer, Drucker und Kopierer gegen neue Geräte ausgetauscht werden, entsteht jede Menge Elektroschrott. In Fabriken und in Lokalen, also dort, wo etwas hergestellt oder zubereitet wird, bleiben immer Reste, die weggeworfen werden, übrig.

Von welchen Dingen wird besonders viel weggeworfen? Keine Frage, es ist Kleidung! T-Shirts, Hosen, Handschuhe … Im Kindergarten, in der Schule und im Hort gibt es Kleiderkisten, in denen verloren gegangene Stücke gesammelt werden. Immer wieder kommt etwas abhanden oder geht kaputt! Oder es gefällt nicht mehr und man kauft ein neues Kleidungsstück.

Ähnlich ist es beim Essen. Das Brot ist schon mehrere Tage alt? Weg damit! Wohin mit den übrig gebliebenen Nudeln oder dem Reis? Wer isst den Apfel mit der Druckstelle? Niemand. Und der alte Joghurt? Sehr viele Lebensmittel, bei denen das Mindesthaltbarkeitsdatum abgelaufen ist, werden weggeworfen. Und das, obwohl diese dann oft noch genießbar sind und gut schmecken.

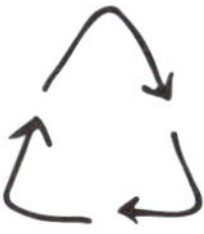

Was passiert mit dem Müll?

„Wirf es weg!“ Wenn du das hörst, gibst du das Teil in den Müll. Doch halt – „den Müll“ gibt es ja gar nicht! Zu jedem Haus gehören mehrere Mülltonnen. Was kommt wohin?

Was	**Wohin**
Essensreste und Abfälle aus dem Garten, abgestorbene Topfpflanzen ohne Topf …	Biotonne oder eigener Komposthaufen
Papier und Pappe, also Kartonverpackungen, Schachteln, Papiertüten …	Papiertonne
Verpackungen und Kleinteile aus Kunststoff: Becher, Folien, Beutel, Netze, Tüten, Styroporverpackungen …	Gelbe Tonne oder Gelber Sack
Verpackungen und Kleinteile aus Metall: Aluminiumfolie, leere Senf- und Tomatenmark-Tuben, Kronkorken, Schraubverschlüsse …	
Verbundmaterialien: Getränkekartons für Milch und Saft, To-go-Becher …	
Asche, Zigarettenkippen, Tierkot und -streu, Windeln, Staubsaugerbeutel, ausgetrocknete Filzstifte, alte Fotos, zerbrochenes Porzellan oder spezielles Glas, das heißt Spiegelglas, Kristallglas (zum Beispiel Trinkgläser oder Glasvasen) und feuerfeste Gläser zum Backen, Glüh- oder Halogenlampen (nicht aber Energiesparlampen, LEDs) …	Restmüll-Tonne

Doch das ist noch lange nicht alles! Behälterglas, also leere Glasflaschen und Gläser von Marmeladen oder anderen Lebensmitteln, kommt in den Altglascontainer. Wichtig ist, dass du sie nach Farben (weiß, braun, grün) sortiert einwirfst. Je genauer du das Altglas nach Farben sortierst und danach entsorgst, umso besser kann man daraus neues Glas herstellen.

Alte Kleidung kannst du in eine Kleiderkammer oder einen Altkleidercontainer geben.

Altkleider werden in diesen Containern gesammelt.

Alte, kaputte Elektrogeräte wie Laptops, DVD-Player oder Waffeleisen können Schadstoffe enthalten. Man muss sie getrennt vom übrigen Müll entsorgen. Es gibt in jeder Gemeinde Sammelstellen für diese Art von Müll. Oder du kannst sie ebenso wie leere Tonerkartuschen, Druckerpatronen und Batterien, kaputte Akkus, LEDs und Energiesparlampen in großen Elektrogeschäften und in Recyclinghöfen kostenlos abgeben.

Ab Mitte 2022:
Elektro-Altgeräte im Supermarkt entsorgen

Ab dem 1. Juli 2022 kann man kleine Elektroaltgeräte wie zum Beispiel Handys oder Taschenlampen auch bei vielen Lebensmitteleinzelhändlern kostenlos abgeben und dem Recycling zuführen, ohne dass man ein neues Gerät kauft. Größere Altgeräte kann man auch dort zurückgeben – allerdings muss man dann ein entsprechendes neues Gerät kaufen.

In Drogeriemärkten und auch in vielen Super- und Baumärkten gibt es Sammelboxen oder Rücknahmestellen für Batterien, Akkus, LEDs und Energiesparlampen.

Vorsicht bei Lampen! Lampe ist nicht gleich Lampe: Viele Familien verwenden alte Glühlampen, also Glühbirnen mit einem Leuchtfaden aus Metall. Diese Lampen und moderne Halogenlampen werden im Hausmüll in der Restmülltonne entsorgt. Hausmüll oder Sondermüll? Zeige kaputte Lampen immer zuerst einem Erwachsenen, bevor du sie in den Hausmüll wirfst!

In vielen Städten kann man Sperrmüll kostenlos von der städtischen Abfallentsorgung abholen lassen.

Kaputte Möbel, schmutzige Matratzen und generell Zeug, das weggeworfen werden soll, aber zu groß für die Restmüll-Tonne ist, nennt man Sperrmüll. Dafür gibt es in jeder Stadt spezielle Sammelstellen.

Schon gewusst?

In Deutschland landet heute sehr viel weniger Müll in der Restmüll-Tonne als noch vor rund 35 Jahren. Im Jahr 1985 „produzierte" jeder Einwohner 239 Kilogramm, im Jahr 2018 nur noch 128 Kilogramm Restmüll.

Egal, ob sortiert oder unsortiert – Müll bleibt Müll. Warum ist es so wichtig, dass wir Müll sortieren? Was passiert mit dem Müll? Die Idee, die hinter dem Sortieren steht, ist das Wiederverwerten. Um Energie und Material zu sparen, möchte man die Rohstoffe, aus denen der Müll besteht, mehrmals nutzen. So soll ein Kreislauf entstehen.

Ein Beispiel: Aus Glas wird eine Ketchupflasche hergestellt. Du kaufst die Flasche, isst das Ketchup nach und nach, bis die Flasche leer ist. Danach gibst du sie in den Altglascontainer. Was passiert mit der Flasche? Die Flaschen und Gläser im Altglascontainer werden in eine Sortieranlage gebracht, wo sie zerkleinert, gereinigt und eingeschmolzen werden. Aus dem flüssigen Glas werden neue Flaschen und Gläser geformt. So schließt sich der Kreis! Dieses Verfahren nennt man Recycling.

Der Müll, den wir getrennt sammeln, wird also wiederverwertet. Aus Altglas wird neues Glas, aus Metallabfällen werden neue Produkte aus Metall, aus Papier wird Altpapier und Pappe, aus Bio-Abfällen entsteht Kompost ... Recycling kommt gut an: Inzwischen werden bei Papier, Glas und Metall weit über 80 Prozent der Abfälle recycelt.

Leider hat das Recycling-System Lücken: Viel Müll, der recycelt werden soll, wird nicht wieder in einen Rohstoff zurückverwandelt und weiterverwendet. Es gibt viele verschiedene Gründe dafür. Ein Grund: Häufig ist es billiger, neue Rohstoffe zu verwenden, als alte Materialien zu recyceln.

Was wird dann aus dem Müll? Plastikmüll, von dem leider bisher nur eine knappe Hälfte recycelt wird, wird vor allem verbrannt, dabei gewinnt man Wärme oder elektrische Energie. Ähnlich ist es bei Altkleidung. Nur rund 75 Prozent der gebrauchten Bekleidungs- und Haustextilien werden in Containern wieder eingesammelt. Ein großer Teil geht nach Osteuropa und Afrika und wird dort verkauft. Kaputte Kleidung wird zu Putzlappen verarbeitet oder als Dämmmaterial für Häuser verwendet, der Rest wird ebenfalls verbrannt. Jetzt ist nur noch der Restmüll übrig. Und was passiert mit ihm? Er wird in einer Abfallverbrennungsanlage verbrannt oder in eine mechanisch-biologische Abfallbehandlungsanlage zu Ersatzbrennstoffen aufbereitet. Wiederverwertbare Stoffe, wie zum Beispiel Metalle, werden in beiden Verfahren zurückgewonnen. Abfallverbrennungsanlagen erzeugen aus dem Restmüll Energie (Strom und Wärme). Ersatzbrennstoffe ersetzen in Kraftwerken und Zementwerken Brennstoffe wie Öl oder Kohle.

Unser Plastikproblem

Folien, Zahnbürsten, Brillengestelle, Taschen, Spielzeug, Matratzen, Polster, Funktionskleidung und warme Stoffe aus Fleece, Flaschen, Eimer und Kanister, Fenster- und Türrahmen, Dämmmaterial für Häuser, Produkte für die Medizin ... Das alles wird aus Plastik, auch Kunststoff genannt, gemacht.

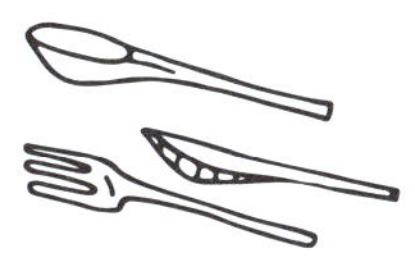

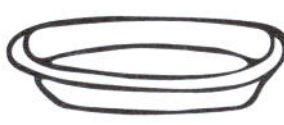

Schon gewusst?

Der erste Radiergummi aus Naturkautschuk wurde im Jahr 1770 hergestellt, knapp 100 Jahre später wurde Zelluloid, mit dem Filme hergestellt wurden, produziert. Den ersten synthetisch hergestellten Kunststoff entwickelte der belgische Chemiker Leo Baekeland im Jahr 1907 und nannte ihn Bakelit. Damit begann die industrielle Herstellung von Kunststoff.

Auf den ersten Blick ist Kunststoff perfekt: Er ist leicht, man kann ihn beliebig formen, färben und billig herstellen. Je nach Zusammensetzung ist er weich und elastisch oder hart und stabil. Ein weiterer Vorteil: Kunststoff ist sehr haltbar. Er geht nicht kaputt!

Ist Kunststoff wirklich das perfekte Material für jegliche Produkte? Leider nein. Die Tatsache, dass Kunststoff sich so lange hält, ist ein Vorteil, kann aber in der Umwelt zu einem Problem werden. Anders als natürliche, gewachsene Materialien, wie zum Beispiel Holz, zersetzen sich Kunststoffe nicht oder nur sehr langsam. Zunächst zerfallen sie in immer kleinere Teile. Wenn sie kleiner als fünf Millimeter sind, spricht man von Mikroplastik. Deshalb sollten gebrauchte Kunststoffprodukte oder -verpackungen nicht achtlos in die Umwelt geworfen werden.

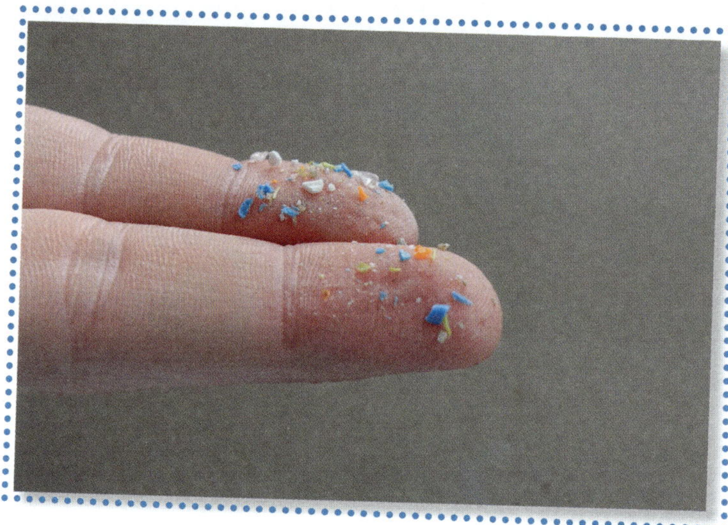

Die weitaus größte Quelle für Mikroplastik in der Umwelt ist jedoch der Abrieb von Reifen und Straßen. Mikroplastik wird in Deutschland noch in geringen Teilen auch in kosmetischen Mitteln oder Wasch- und Reinigungsmitteln als Schleif- sowie als Trübungsmittel zugesetzt. Das den Kosmetika und Wasch- und Reinigungsmitteln zugesetzte Mikroplastik gelangt nach dem Gebrauch in das Abwasser. Auch wenn Kläranlagen in Deutschland Mikroplastik erfolgreich zurückhalten und der Eintrag über das Abwasser in die Gewässer vergleichsweise gering ist, ist es wichtig, grundsätzlich selbst kleine (Mikro-)Plastikeinträge zu vermeiden. Greife daher bevorzugt zu Produkten, die solche Stoffe nicht oder nur in geringen Mengen enthalten. Eine gute Hilfestellung bei der Auswahl bieten der Blaue Engel und das EU-Ecolabel.

Plastikmüll im Meer

Fährst du in den Ferien gerne ans Meer? Schwimmen, Sandburgen bauen, am Strand Muscheln sammeln ... Doch halt – hier findest du nicht nur Muscheln oder Tang, auch Tüten, Flaschen, Deckel, Shampooflaschen oder Teile davon liegen herum. Immer wieder wird Müll an den Strand geschwemmt und dort achtlos entsorgt, vor allem Plastikmüll!

Wie kommt der Plastikmüll ins Meer? Sehr viel wird von Flüssen ins Meer geschwemmt. Viel wird auch von Touristen und anderen Erholungssuchenden direkt an den Stränden und Küsten achtlos hinterlassen oder gelangt aus offenen Mülleimern durch Wind und Möwen in die Meere. Dazu kommt der Plastikmüll, der auf dem Meer entsteht: Fischtrawler, also große Schiffe, die Fische fangen, verlieren immer wieder Netze aus Kunststoffen oder entsorgen diese in der Meeresumwelt, worauf sie als sogenannte „Geisternetze" im Meer treiben und herrenlos weiterfischen. Auch aus der kommerziellen Schifffahrt, von Fischzuchtstationen sowie Gas- und Ölförderanlagen und anderen technischen Installationen gelangt Plastikmüll ins Meer.

Der meiste Plastikmüll im Meer ist für uns unsichtbar, da er auf den Meeresboden absinkt oder in der Wassersäule treibt und sich mit der Zeit in immer kleinere Teilchen zersetzt, die dann wiederum von Meereslebewesen aufgenommen werden können.

Grausames Sterben

Für Tiere ist Plastikmüll sehr gefährlich: Meereslebewesen, darunter Delfine, Wale, Schildkröten und Seevögel, verheddern sich in alten Fischergeräten und Verpackungsschnüren und können über lange Zeiträume leiden, bevor sie qualvoll sterben. Viele Meereslebewesen verwechseln Plastikteile mit Nahrung. Diese können sie innerlich verletzen. Gerade Seevögel verhungern auch oft, da sie nicht mehr fressen, wenn ihr Magen mit diesen Fremdkörpern gefüllt ist und sie sich dadurch satt fühlen.

Weniger (Plastik-)Müll – Was du tun kannst

535 Kilogramm, so viel Müll produziert jeder von uns jedes Jahr in Deutschland, und es wird immer mehr. 227,5 Kilogramm, rund die Hälfte, ist Verpackungsmüll. 108 Kilogramm davon sind Verpackungen aus Haushalten und nochmal rund 120 Kilogramm Verpackungen fallen in Handel und Gewerbe an. Was kannst du dagegen tun? Ein guter Anfang ist, Müll zu trennen und zum Recycling zu geben. Wie du Müll recycelst, findest du ab Seite 8. Sehr viel besser ist es, Müll zu vermeiden.

Im Supermarkt Müll vermeiden

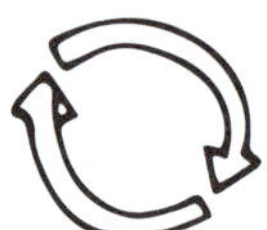

- **Reduziere Verpackungen, achte auf die Art der Verpackung:** Sowohl der Kauf von losen Produkten als auch die Nutzung von Mehrwegverpackungen können den Verpackungsmüll deutlich verringern. Vielleicht gibt es ja auch schon einen Unverpackt-Laden ganz in deiner Nähe. Dann probiere mit deinen Eltern doch mal einen verpackungsarmen Einkauf aus!

Tipp für Schlaufüchse

Getränkekartons aus verschiedenen Materialschichten und andere Verpackungen, die aus beschichteten Verpackungspapieren hergestellt werden, können nicht per Hand getrennt werden; deshalb entsorgst du sie im Gelben Sack oder der Gelben Tonne. Besser händisch zu trennen sind zum Beispiel viele Joghurtbecher: Der Becher, in dem sich der Joghurt befindet, ist aus Kunststoff; außen herum befindet sich eine Ummantelung aus Pappe, die du nach dem Essen leicht ablösen kannst. Dazu kommt der Deckel aus Aluminium. Trenne die Verpackung des Joghurtbechers in die drei Bestandteile und entsorge sie einzeln!

- **Großpackungen statt Mini-Portionen:** Nudeln, Reis, Müsli, Cornflakes, Shampoo, Tierfutter, Toilettenpapier ... Großpackungen sparen viel Müll und sind oft auch sehr viel günstiger!
- **Pfandglas statt Plastikbecher:** Kaufe Joghurt in Pfandgläsern.
- **Mehrwegflaschen statt Plastik-Einwegflaschen:** Kaufe Säfte in Pfandglasflaschen, die mehrfach verwendet werden und leicht zu recyceln sind.
- **Frisches Brot und frische Brötchen statt Aufbackware in Plastikfolie:** Kaufe Brot und Brötchen frisch und lasse sie in deine Brottasche aus Stoff einpacken – so entsteht gar kein Müll!

- **Frisches Obst und Salat statt abgepackte Portionen:** Obst und Salate in Beuteln oder Bechern aus dem Kühlregal sind teuer und verursachen Müll. Die bessere und billigere Alternative sind frisches Obst und Salate.

Weniger Müll zu produzieren ist gut. Noch besser ist es, wenn man gar keinen Müll produziert. Ist das möglich?

Zero Waste – der Umwelt zuliebe!

Mit Zero Waste Müll vermeiden

Zero Waste, das ist Englisch und heißt übersetzt „Null Abfall", ist eine Umweltbewegung. Viele Leute versuchen zu leben, ohne Abfall zu produzieren. Aktuell gibt es in Europa rund 400 Städte und Gemeinden, die mithilfe der Organisation Zero Waste Lösungen suchen, damit weniger Müll entsteht oder Müll so gut wie möglich genutzt wird.

- **Leitungswasser statt Flaschenwasser:** Trink Leitungswasser! Leitungswasser ist nicht nur billiger, sondern oft sogar besser als Wasser aus der Flasche. Für Sprudelwasser könnt ihr euch einen Wassersprudler für zu Hause besorgen.
- **Brotzeitdose statt Frischhaltetüte:** Pack dein Pausenbrot in eine Brotzeitdose aus Metall. Dosen bleiben im Sommer kühl und halten deinen Snack frisch. Du kannst auch ein Bienenwachstuch verwenden – eine Anleitung, wie du es selbst machst, findest du auf Seite 38. Dieses kannst du mehrfach verwenden.
- **Wiederbefüllbare Flasche statt Einweg-Getränk:** Füll dein Getränk in eine mehrfach verwendbare Trinkflasche. Sie spart nicht nur viel Geld, dein Getränk bleibt bei isolierten Flaschen lange warm oder kühl!
- **Selbst pürieren statt fertige Smoothies kaufen:** Mach deine Smoothies selbst! Sie sind dann nicht nur ganz nach deinem Geschmack, sondern abfallfrei, frisch und günstig.

Dinge nachhaltig nutzen

Das alte Fahrrad, die Turnschuhe, Bücher, Spiele ... Nach einiger Zeit gefallen sie dir nicht mehr oder du brauchst neue Sachen. Was tun?

- **Erst nachdenken, dann kaufen:** Überlege, bevor du etwas kaufst. Oft geht es nur darum, dass man etwas kauft. Wenn man das ersehnte Teil hat, ist der Spaß schon fast verflogen!
- **Gebraucht statt neu:** Du brauchst eine neue Schultasche? Wie wäre es mit einer Tasche von deinem älteren Bruder oder Cousin, der eine Ausbildung macht oder studiert? Gebrauchte Teile, also aus zweiter Hand (im Englischen „Second Hand"), haben eine Geschichte, die sie einzigartig macht! Oder du stöberst mal mit deinen Eltern auf dem Flohmarkt oder im Internet nach gebrauchten Dingen.
- **Kaufen und verkaufen:** Wohin mit der alten Schultasche? Im Internet gibt es viele Portale, auf denen du gebrauchte Dinge verkaufen oder verschenken kannst. So werden sie länger benutzt und landen nicht auf dem Müll!
- **Tauschen statt kaufen:** Organisiere mit deinen Eltern oder dem Elternbeirat eine Tauschparty. Hier könnt ihr alte Bücher, Zeitschriften und Spielzeug gegen neue Dinge eintauschen.
- **Reparieren statt wegwerfen oder neu kaufen:** Dein Roller ist kaputt? Deine Holzeisenbahn funktioniert nicht mehr? Versuche sie mit deinen Eltern zu reparieren oder lasse sie reparieren! Noch einfacher ist es, wenn du dein Spielzeug zu einem Repaircafé bringst, wo Freiwillige kostenlos Reparaturen machen. Wann und ob in deiner Nähe ein Repaircafé stattfindet, findest du auf der Website der Initiative: https://www.repaircafe.org/de/

Upcyceln – Mach mehr aus deinem Müll!

Auch wenn wir uns noch so anstrengen, schaffen wir es kaum, gar keinen Müll zu produzieren. Aus vielen Dingen, die man loswerden möchte, lassen sich wertvolle Dinge machen, die man noch lange benutzen kann! Das ist die Idee, die hinter Upcycling steckt.

Materialien: Was kannst du zum Upcyceln verwenden?

Ist das Müll? Bevor du etwas wegwirfst, solltest du überlegen – vieles kannst du noch verwenden. Hier ist eine Übersicht der wichtigsten Materialien, die für die Upcycling-Projekte in diesem Buch verwendet werden:

Papier: Karton, Schuhschachteln, Eierschachteln, Rollen von Toiletten- und Küchenpapier, alte Zeitungen und Zeitschriften, gebrauchtes Geschenkpapier, alte Plakate

Glas: Marmeladengläser

Metall: Büroklammern, Draht, Konservendosen, Kronkorken, Nägel, Muttern, Beilagscheiben

Kunststoff und Verbundstoffe: Joghurtbecher, Flaschendeckel, PET-Flaschen, Getränkekartons, CDs und DVDs, Flüssigwaschmittel-Flaschen, Chipsdosen mit Deckel, Reste von Moosgummi und Geschenkbändern

Textil: T-Shirts, Jeans, Bettlaken aus Baumwolle, Filzreste, Wollreste

Werkstoffe aus der Natur: Bambusröhrchen, Holzwolle, Zweige, Zapfen, Eicheln, Kastanien, Nüsse

Weitere Upcycling-Materialien: Flaschenkorken, Kerzenstummel, Knöpfe, Perlen, Eisstäbchen, kaputte Kugelschreiber, alte Bilderrahmen

Darauf solltest du beim Sammeln achten

Wenn du Upcycling-Materialien sammelst, solltest du unbedingt auf Sauberkeit achten: Wasche Flaschen, Dosen, Becher und Getränkekartons sauber aus, bevor du sie aufbewahrst. So vermeidest du, dass sich Schimmel darin bildet und die Teile nicht mehr verwendbar sind.

Wachsreste, CDs, Korken, Wollreste, PET-Deckel, Zapfen, Drahtstücke … Sortiere diese nach den Materialien, beschrifte Papiertüten und gib die Upcycling-Teile in die Tüten. Damit du zum Basteln alles findest, stellst du die Papiertüten in eine alte Gemüsekiste aus Holz. Die Kiste kommt in den Keller vor ein Fenster – so bleibt alles sauber und trocken!

Werkzeuge und weitere Utensilien zum Upcyceln

Wenn du gerne mit Schere und Kleber arbeitest, sind Upcycling-Projekte das Richtige für dich! Hier ist eine Übersicht über die wichtigsten Werkzeuge und Utensilien für die Bastelideen in diesem Buch.

Sicherheit geht vor!

Bastle nie mit spitzen Werkzeugen, wenn du allein zu Hause bist. Bitte einen Erwachsenen, in deiner Nähe zu sein und dir zu helfen, wenn du elektrische Geräte benutzt.

Werkzeug zum Schneiden, Bohren, Lochen und Glätten: Schere, Cuttermesser, Papierschneider, Säge, Handbohrer

Material zum Kleben: Flüssigkleber, Klebestift, Washi Tape, Gewebeband, Klebeband in verschiedenen Farben, transparentes Klebeband

Materialien zum Markieren und Bemalen: Bleistifte, Filzstifte, Pinsel, Marker für Kunststoff und Kork, Acrylfarbe, Klarlack

Elektrische Geräte: Niedrigtemperatur-Heißklebepistole, Mini-Lichterketten mit Kabel, LED-Teelichter, Taschenlampe, Bügeleisen

So arbeitest du mit Vorlagen

Auf den Seiten 101 bis 108 findest du für einige Projekte Vorlagen, die das Basteln leichter machen. Wie kannst du damit basteln?

Nimm ein Stück Butterbrotpapier, lege es auf die Vorlage und zeichne die Vorlage auf dem Butterbrotpapier mit Bleistift nach.

Alles richtig abgezeichnet? Zeichne die Linien und Punkte mit Filzstift nach und schneide die Vorlage, die du übertragen hast, aus.

Klebe deine Vorlage mit einem Klebestift auf Karton und schneide den Karton mit einem Cuttermesser aus. Damit hast du eine Schablone. Mit der Schablone kannst du die Vorlage leicht auf alle Bastelmaterialien übertragen!

Tipp: Wirf die Schablone nicht weg – du kannst sie immer wieder verwenden!

Mach was Praktisches aus Müll!

Leeren Toilettenpapierrollen, Milchkartons oder Dosen kannst du noch ein zweites Leben schenken. Aus ihnen werden Körnerrollen für Vögel, Behälter für deinen Krimskrams oder eine Niststätte für Bienen und andere Insekten.

T-Shirt-Tasche

Dein Lieblings-T-Shirt ist zu klein geworden oder es hat einen hässlichen Fleck, der nicht mehr rausgeht? Um das Shirt nicht wegwerfen zu müssen, kannst du mit ein paar Schnitten und Knoten ruckzuck eine coole Tasche daraus machen. Du musst dazu nicht einmal nähen können!

Das brauchst du:

Nicht wegwerfen:
- altes T-Shirt

Sonstiges:
- Schere
- Lineal
- Bleistift

So geht's:

1 Zuerst schneidest du mit der Schere auf beiden Seiten des T-Shirts die Ärmel entlang der Naht ab. Jetzt ist der Kragen dran – schneide unterhalb der Naht des Ausschnitts entlang und entferne so den Kragen.

2 Mithilfe des Lineals zeichnest du nun, 10 Zentimeter vom unteren Saum des T-Shirts entfernt, eine gerade Linie mit dem Bleistift auf den Stoff. Danach kommt wieder die Schere zum Einsatz: Schneide beide Seiten des T-Shirts vom unteren Rand aus bis zu deiner gezeichneten Linie in etwa 1 Zentimeter breite Streifen. Die Nähte an den Seiten schneidest du so ein, dass jeweils zwei Streifen entstehen.

3 Ziehe nun jeden einzelnen Streifen in die Länge, bis er sich etwas gedehnt hat.

4 Wenn du alle Streifen lang gezogen hast, verknotest du die jeweils gegenüberliegenden Fransen (von der T-Shirt-Vorderseite und der T-Shirt-Rückseite) mit einem festen Doppelknoten.

Sind alle Fransen verknotet, ist deine Tasche fertig!

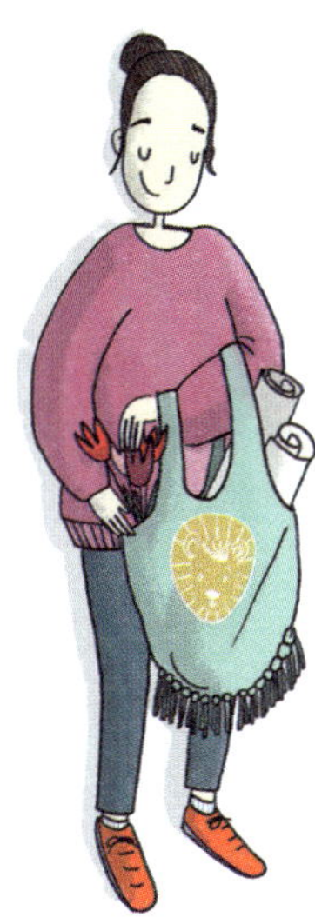

Tipp

Für einen schlichten Beutel ohne Fransen ziehst du das T-Shirt ganz zu Beginn, bevor du mit dem Schneiden loslegst, auf links. Alle Nähte sind dann außen. Folge danach der Anleitung wie oben beschrieben. Wenn zum Schluss alle Fransen verknotet sind, krempelst du das T-Shirt auf rechts – Nähte und Fransen verschwinden im Inneren des fertigen Beutels.

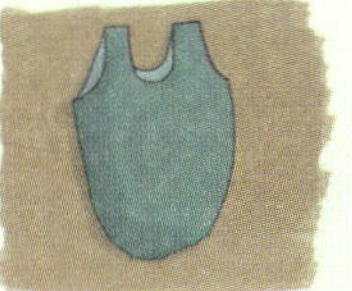

Jeans-Tasche

Du hast eine alte Jeans im Schrank, die dir nicht mehr passt? Super! Auch aus einer Jeans lässt sich eine tolle Tasche machen!

So geht's:

Schneide die Beine der Jeans etwa 2 Zentimeter unterhalb der Schrittnaht ab – so als würdest du dir sehr kurze Shorts machen wollen.
Drehe die Jeans dann auf links und tackere die kurzen Hosenbeine unten mit einem stabilen Tacker zusammen (vom Schritt nach außen). Dann fädelst du zwei Kordeln als Träger in die Jeansschlaufen und schon hast du eine prima Tasche!

Dosen-Hotel für Insekten

In der Natur finden Insekten leider immer weniger Nist- und Unterschlupfmöglichkeiten, wie zum Beispiel Hohlräume in totem Holz. Mit einem selbst gebauten Insektenhotel kannst du Wildbienen, Florfliegen und Käfern ein gemütliches Zuhause anbieten.

Das brauchst du (für ein Dosen-Tier):

Nicht wegwerfen:

- 1 leere Konservendose
- bunte Woll- und Fadenreste
- 2 Kronkorken
- 6 Holzperlen oder Knöpfe

Sonstiges:

- Schere
- Niedrigtemperatur-Heißklebepistole
- schwarzen Marker
- Hammer
- Nagel
- Stück Draht
- Säge
- Schmirgelpapier
- Füllmaterial, zum Beispiel hohle Bambusröhrchen, hohle Pflanzenstängel (Schilfrohr), Holzwolle, dünne Zweige, Wellpappe, Zapfen von Nadelbäumen

So geht's:

1 Bevor es losgeht, wäschst du die leere Konservendose gut aus und entfernst das Etikett. Trockne die Dose gut ab.

2 Nun umwickelst du die Dose eng mit Wolle. Für eine Wildbiene verwendest du schwarze und gelbe oder orangefarbene Wolle. Wenn du beim Wickeln die Farbe wechseln möchtest, schneidest du den Faden ab und knotest einen neuen daran. Hast du die Dose komplett umwickelt, klebst du das Ende des letzten Fadens mit Heißkleber fest. Lass dir dabei von einem Erwachsenen helfen, da die Klebepistole sehr heiß werden kann.

3 Für die Augen malst du mit dem schwarzen Marker einen dicken Punkt in die Mitte der Innenseite der Kronkorken – das ist die Pupille. Klebe die Kronkorken anschließend mit Heißkleber auf der linken und rechten Seite der Dose fest.

4 Für die Beinchen knotest du sechs gleich lange Fäden unter den Bauch deines Dosen-Tiers. Fädele dann jeweils eine Holzperle oder einen Knopf an das untere Ende der Fäden – das sind die Füßchen.

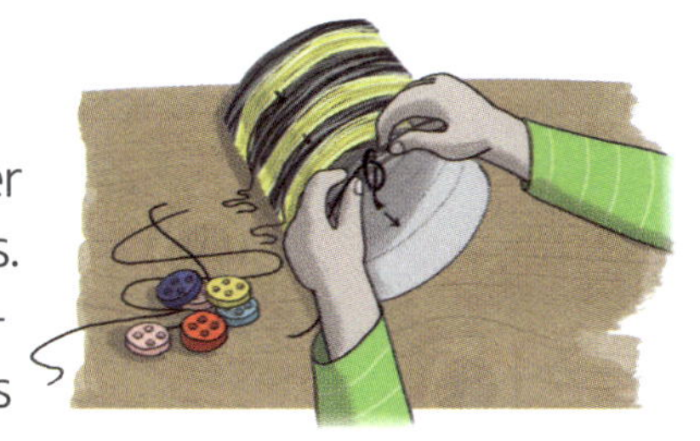

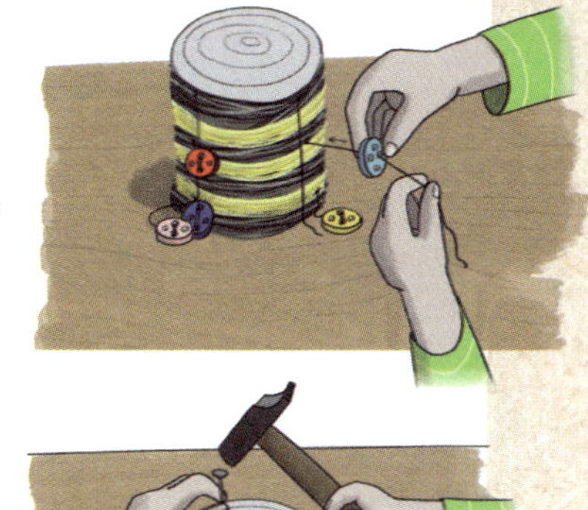

5 Damit du die Dose später aufhängen kannst, schlägst du mit Hammer und Nagel vorsichtig ein Loch oben in den Boden der Dose. Ziehe ein Stück Draht durch das Loch und die Dose. Verdrehe die Enden des Drahtes miteinander.

6 Für das Füllmaterial sägst du die Bambusröhrchen und Pflanzenstängel auf die Länge deiner Dose. Es sollte nichts überstehen. Lasse dir beim Sägen von einem Erwachsenen helfen.

7 Schmirgle dann die Schnittflächen mit dem Schmirgelpapier ab. Die Eingänge der Röhrchen müssen schön glatt sein, damit keine Splitter den Weg versperren oder gar die zarten Flügel der Insekten verletzen.

8 Stecke nun das Füllmaterial dicht gebündelt in die Dose. Achte bei den Bambus- und Pflanzenstängeln darauf, dass die Astknoten in den Stängeln hinten liegen, sonst versperren sie den Eingang.

9 Zuletzt suchst du ein geschütztes, trockenes, sonniges Plätzchen im Garten oder auf dem Balkon, um dein Hotel aufzuhängen. Jetzt können die Gäste einziehen!

ACHTUNG

Damit die hier nistenden Insekten nicht von Vögeln gefressen werden, solltest du sie mit einem Drahtgeflecht oder Netz, das du in einem Abstand von 20 Zentimetern befestigst oder aufhängst, schützen.

Karton-Regal

Stifte, Scheren, Schnüre, Kleber, Folien, Lineale ... Wer gerne bastelt, braucht einiges an Material und Werkzeug. Aber wohin damit? Aus Verpackungskarton, leeren Milchkartons und Papier kannst du ein praktisches Regal mit Schubladen basteln.

Das brauchst du:

Nicht wegwerfen:

- 1 Verpackungskarton für Milch- oder Saftkartons
- 8 Milch- oder Saftkartons
- Reste von Geschenkpapier oder alte Zeitschriften, 1 großes Plakat
- 1 Blatt DIN-A4-Druckerpapier

Sonstiges:

- Schere
- Cuttermesser
- Lineal
- Klebestift
- Bastelleim
- Borstenpinsel
- mehrere Bleistifte

So geht's:

1 Lege einen sauberen und trockenen Milch- oder Saftkarton mit dem Ausgießer nach oben auf den Tisch. Bohre mit der Schere oben ein Loch und schneide das Loch so weit größer, bis du die obere Seite des Kartons entfernt hast. Löse auch den Ausgießer mit der Hand aus dem Karton oder schneide ihn vorsichtig mit dem Cuttermesser ab.

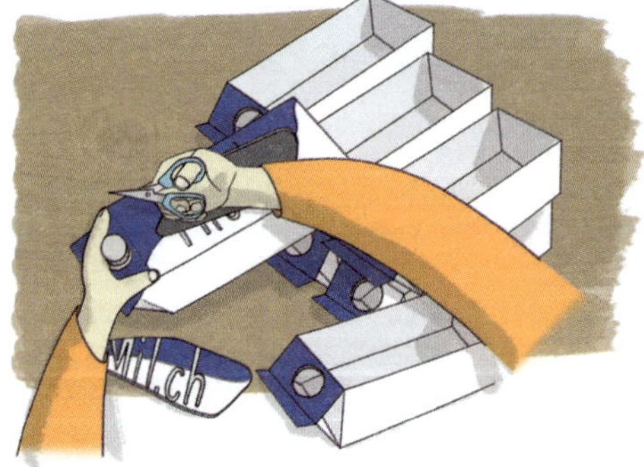

2 Schneide einen Streifen Papier aus, der so groß ist, dass du den Karton außen umwickeln kannst.

3 Bestreiche die drei Seiten des Kartons mit Klebestift. Lege den Karton in die Mitte und umwickele ihn mit dem Papier. Das Papier, das an den Seiten übersteht, klebst du innen fest.

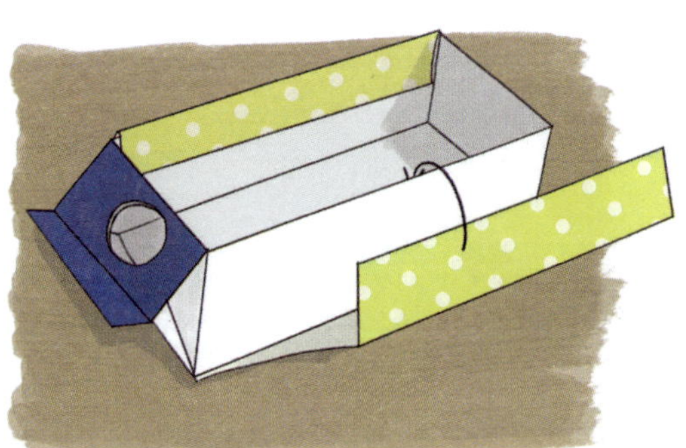

4 Schneide für die Vorderseite ein passendes Stück und beklebe den Karton damit! Wiederhole die Arbeitsschritte 2, 3 und 4 bei den übrigen Kartons. Fertig sind die Schubladen!

5 Bestreiche die Schubladen dünn mit Bastelleim. Lege sie mit der offenen Seite zum Trocknen auf eine Bastelmatte. Damit sie dort nicht festkleben, legst du Bleistifte unter.

6 Für das Regal entfernst du die Kartonteile auf der sonst offenen Oberseite. Ausgefranste Kanten kannst du mit der Schere gerade schneiden.

7 Drehe den Karton um und bestreiche den Boden mit Klebestift.

8 Nimm ein altes Plakat, etwa 80 Zentimeter × 60 Zentimeter groß, und stelle das Regal darauf. Drücke den Boden fest an.

9 Streiche eine der beiden großen Seiten mit dem Klebestift ein. Lege das Regal zur Seite und drücke fest darauf.

10 Dann schneidest du mit der Schere das Papier an den beiden Seiten so ab, dass du es nach innen klappen kannst. Bestreiche dann die Innenseite des Kartons.

11 Klappe das Plakat-Stück nach innen und drücke es fest.

12 Wiederhole die Arbeitsschritte 9, 10 und 11 auf der anderen Seite des Regals.

13 Nun sind die Seitenteile an der Reihe: Nimm ein DIN-A4-Blatt Druckerpapier aus dem Papierkorb, lege die schmalen Kanten aufeinander und falte es. Klebe dieses Blatt mit dem Klebestift zusammen, so wird es stabiler.

14 Bestreiche eine Innenseite des Kartons mit dem Klebestift und drücke das Plakatpapier auf der Außenseite fest.

15 Drücke dann das gefaltete Papier fest an die Innenseite.

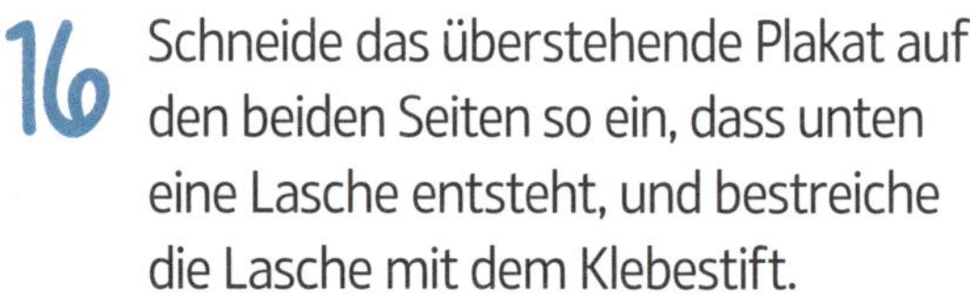

16 Schneide das überstehende Plakat auf den beiden Seiten so ein, dass unten eine Lasche entsteht, und bestreiche die Lasche mit dem Klebestift.

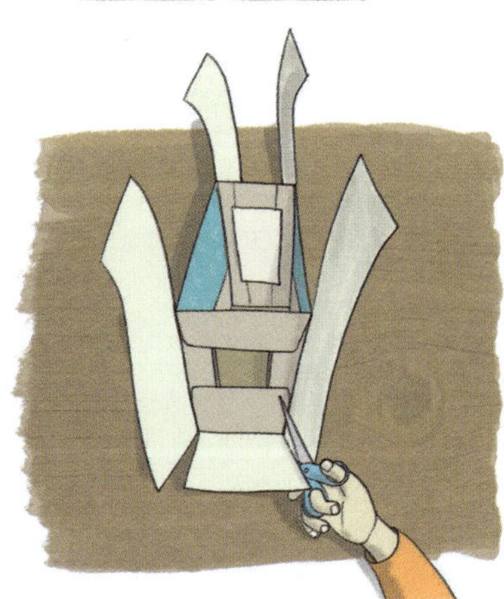

17 Klappe die untere Lasche nach oben und klebe sie fest. Klappe dann die Seiten links und rechts nach innen und klebe sie fest. Das oben überstehende Papier klappst du wie bei den Seitenteilen nach innen und klebst es fest.

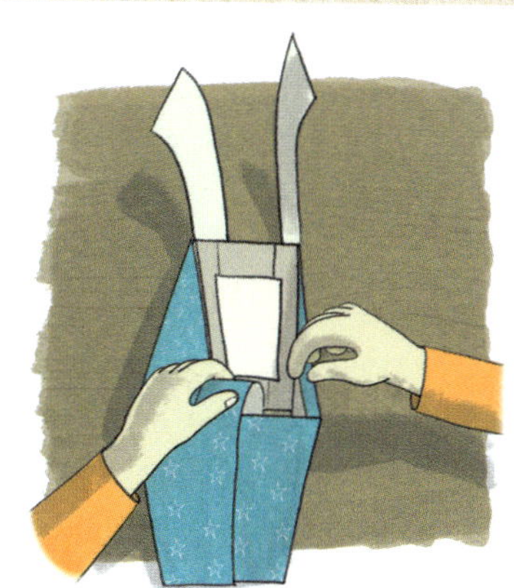

18 Wiederhole die Arbeitsschritte 13 bis 17 beim anderen Seitenteil deines Regalkorpus. Fertig! Jetzt kannst du deine Schubladen befüllen und in dein Regal stellen!

Was ist wo drin?

Beschrifte die Schubladen oder klebe ein Exemplar von dem Inhalt der Schublade auf den Griff – so hast du immer den Überblick!

Körnerrollen für hungrige Vögel

Das brauchst du:

Nicht wegwerfen:
- leere Toilettenpapierrollen
- Woll- oder Geschenkbandreste oder alte Paketschnur

Sonstiges:
- Vogelfutter, wie zum Beispiel Sonnenblumenkerne, gehackte Nüsse, Haferflocken, Rosinen
- flachen Teller
- Buttermesser
- Erdnussmus (ungesalzen!)

Vögel beobachten macht Spaß und im Winter kannst du hungrigen Piepmätzen ganz leicht mit diesen selbst gemachten Körnerrollen helfen.

So geht's:

1 Zuerst entfernst du sämtliche Toilettenpapier-Reste von den Papprollen.

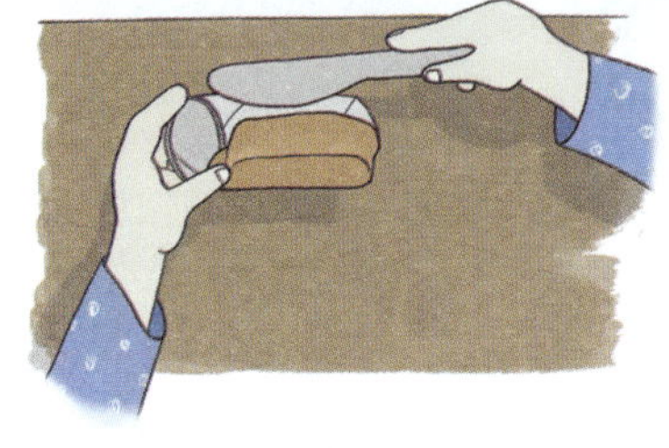

2 Gib nun das Vogelfutter auf einen flachen Teller.

3 Mit dem Buttermesser streichst du die Außenseiten der Toilettenpapierrollen gleichmäßig und dick mit dem ungesalzenen Erdnussmus ein.

4 Anschließend wälzt du die bestrichenen Rollen im Vogelfutter, bis sie ganz bedeckt sind.

5 Zum Schluss ziehst du ein Stück Wolle, Geschenkband oder Schnur durch die Rollen und hängst sie – außerhalb der Reichweite von Katzen – in Bäumen oder am Balkongeländer auf. Am besten holst du dir einen erwachsenen Helfer dazu, der auch an höher gelegene Äste herankommt.

Kresse-Köpfchen

Leere Joghurtbecher sind ein prima Bastelmaterial. Zum Beispiel kannst du die bunten Plastikbehälter in lustige Pflanzgefäße für leckere Kresse verwandeln.

Das brauchst du:

Nicht wegwerfen:
- leere Joghurtbecher

Sonstiges:
- wasserfesten schwarzen Marker oder Acrylfarbe und Pinsel
- Watte oder unbedruckte Papiertücher (zum Beispiel Küchenrolle)
- Kressesamen

So geht's:

1 Als Erstes spülst du die Joghurtbecher gründlich aus und entfernst, wenn nötig, das Etikett. Trockne die Joghurtbecher ab.

2 Einfarbigen Bechern kannst du mit einem wasserfesten Marker ein lustiges Gesicht malen. Mit Schrift bedruckte Becher kannst du mit Acrylfarbe übermalen.

3 Jetzt geht's ans Säen: Lege die Becher dazu mit einer Schicht Watte oder Papiertüchern aus. Gieße dann vorsichtig etwas Wasser darauf, bis Watte oder Papier gut durchfeuchtet sind.

Kresse schmeckt auf Brot mit Frischkäse oder im Quark zur Ofenkartoffel!

4 Bestreue die Watte- oder Papierschicht im Becher nun dicht mit Kressesamen und stelle die Becher auf eine Fensterbank.

5 Schon nach wenigen Tagen kannst du zusehen, wie deinem Becher-Kopf eine grüne Kresse-Frisur wächst. Nicht vergessen: Jeden Tag vorsichtig gießen!

Bunte Untersetzer

Wohin nur mit all den alten CDs und DVDs, die niemand mehr braucht? Ganz einfach, mit bunten Stoffresten kannst du die ausgedienten Scheiben ruckzuck zu farbenfrohen Untersetzern upcyceln. Übrigens auch ein prima Geschenk für Eltern, Opas und Tanten.

Das brauchst du:

Nicht wegwerfen:
- alte CDs oder DVDs
- bunte Stoffreste
- Filzreste
- 1 Stück Pappe oder Karton

Sonstiges:
- Filzstift
- feines Schmirgelpapier
- weiße Acrylfarbe
- Pinsel
- Schere
- Tasse oder Glas
- Bastelkleber
- Serviettenkleber (oft auch Art Podge oder Mod Podge genannt; findest du im Bastelladen)

So geht's:

1 Breite den Stoff auf einem Tisch aus, lege eine CD darauf und zeichne mit dem Filzstift den Umriss der CD auf den Stoff. Zeichne genauso viele Umrisse auf die Stoffreste, wie du CDs oder DVDs zum Basteln hast. Du kannst ganz verschiedene Stoffreste verwenden. Jeder Untersetzer kann eine andere Farbe bekommen.

2 Reibe nun leicht mit dem Schmirgelpapier über die bedruckte Seite der CDs. Du musst nicht die ganze Beschriftung abschmirgeln. Damit die Acrylfarbe im nächsten Schritt haftet, genügt es, wenn du die oberste glänzende Schicht abgerieben hast.

3 Nun bemalst du die abgeschmirgelten Seiten der CDs komplett mit weißer Acrylfarbe. (Es kann sein, dass du die Farbe zweimal auftragen musst, wenn nach dem Trocknen noch zu viel von der CD durchblitzt).

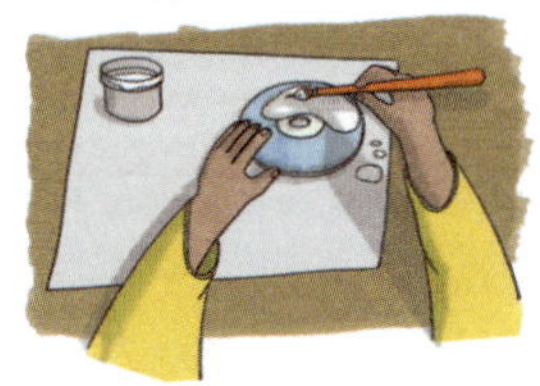

4 Während die Farbe trocknet, schneidest du die vorgezeichneten Kreise aus den Stoffresten aus. Schneide sie etwas kleiner als die Umrisse, die du aufgemalt hast. So bekommen deine Untersetzer einen hübschen Rand und nichts steht über. Lege die ausgeschnittenen Stoffkreise zur Seite.

5 Damit deine Untersetzer später gut gepolstert sind, brauchen sie „Füße“ aus Filz. Zeichne dazu den Umriss einer Tasse oder eines Glases auf ein Stück Pappe und schneide es aus – jetzt hast du eine Schablone. Lege die Schablone auf ein Stück Filzrest und schneide darum herum – so entsteht ein Filz-Füßchen. Schneide mithilfe der Schablone für jeden Untersetzer einen Filz-Fuß.

6 Wenn die weiße Farbe getrocknet ist, klebst du mit dem Bastelkleber auf jede Unterseite der CDs, also auf die nicht angemalte Seite, einen Filz-Fuß.

7 Lege die CDs nun so vor dich hin, dass die weiß angemalte Seite oben liegt, und streiche sie mit dem Serviettenkleber ein. Drücke vorsichtig einen bunten Stoffkreis darauf und streiche alle Falten oder Blasen glatt. Lasse alles 20 Minuten trocknen.

8 Sind 20 Minuten um? Prima, dann trägst du jetzt eine zweite Schicht Serviettenkleber auf der Oberseite der Untersetzer auf. Streiche den Kleber gleichmäßig über die bunten Stoffkreise und den weißen CD-Rand, der an den Seiten hervorblitzt.

9 Lasse alles 2 Stunden trocknen.

10 Zuletzt trägst du noch eine weitere Schicht Serviettenkleber auf der Oberseite mit den bunten Stoffkreisen auf, lässt alles wieder gut trocknen und fertig sind die Untersetzer. (Wie lang der Serviettenkleber trocknen muss, steht auf der Flasche).

Abwischbar

Durch den Serviettenkleber sind die Untersetzer vor Flüssigkeit geschützt. Wenn mal etwas Getränk danebengeschwappt ist, lassen sich die Untersetzer feucht abwischen. **Sie dürfen aber nicht in den Geschirrspüler!**

Tierische Stiftehalter

Das brauchst du:

Nicht wegwerfen:
- leere Milchkartons (oder Saftkartons)

Sonstiges:
- Bleistift
- Schere
- Tonpapier in den Farben der Tiere, die du basteln möchtest
- schwarzen Filzstift
- Cuttermesser
- Bastelkleber

Aus stabilen Milchkartons bastelst du im Nu lustige Schreibtisch-Tiere, in denen du Stifte und allen möglichen Krimskrams aufbewahren kannst.

So geht's:

1 Wasche den Milchkarton gründlich aus und lasse ihn trocknen.

2 Auf den Seiten 101–103 findest du Vorlagen für verschiedene Tiere. Suche dir eins oder mehrere aus, die du basteln möchtest. Pause die Vorlagen ab und stelle eine Schablone her wie auf Seite 22 erklärt.

3 Lege jetzt die Schablone auf das farblich passende Tonpapier, zum Beispiel den Tiger auf orangefarbenes Papier. Zeichne die Umrisse mit einem Bleistift nach und schneide das Tier aus.

4 Mit einem schwarzen Filzstift zeichnest du deinem Tier nun ein Gesicht, Ohren oder wie hier im Beispiel Streifen.

5 Anschließend trennst du das obere Drittel der Milchpackung vorsichtig mit einem Cuttermesser ab.

6 Streiche die Rückseite des ausgeschnittenen Tier-Umrisses mit Bastelkleber ein und klebe ihn um den Milchkarton herum. Das Gesicht des Tieres sollte in der Mitte einer Kartonseite sitzen.

7 Mit der Schere schneidest du zum Schluss entlang des tierischen Umrisses den restlichen Milchkarton weg und fertig ist dein Schreibtischtier!

Pinnwand aus Korken

Mit dieser coolen Upcycling-Idee verwandelst du alte Weinkorken in eine stylische Pinnwand.

Das brauchst du:

Nicht wegwerfen:
- viele alte Weinkorken
- 1 alten Bilderrahmen

Sonstiges:
- Niedrigtemperatur-Heißklebepistole
- für eine bunte Pinnwand: Acrylfarbe und Pinsel
- einige Pinnnadeln

So geht's:

1 Als Erstes musst du natürlich Korken sammeln. Bitte deine Eltern, bei Freunden und Verwandten, die gern Wein trinken, nach Korken zu fragen. Wenn alle mitsammeln, hast du bestimmt schnell genug Korken zusammen.

2 Nun kann gebastelt werden: Baue den Bilderrahmen auseinander, nimm das Glas heraus und setze den Rahmen anschließend wieder zusammen.

3 Wenn du eine bunte Pinnwand möchtest, kannst du einige Korken mit Acrylfarbe anmalen. Anschließend trocknen lassen.

4 Klebe die Korken nun mit Heißkleber dicht an dicht in den Bilderrahmen. Lasse dir dabei von einem Erwachsenen helfen, da die Klebepistole sehr heiß werden kann. Ihr könnt auch Muster mit den Korken legen.

5 Ist der Kleber getrocknet, kannst du deine Korken-Pinnwand aufhängen und Zettel, Fotos oder Postkarten festpinnen.

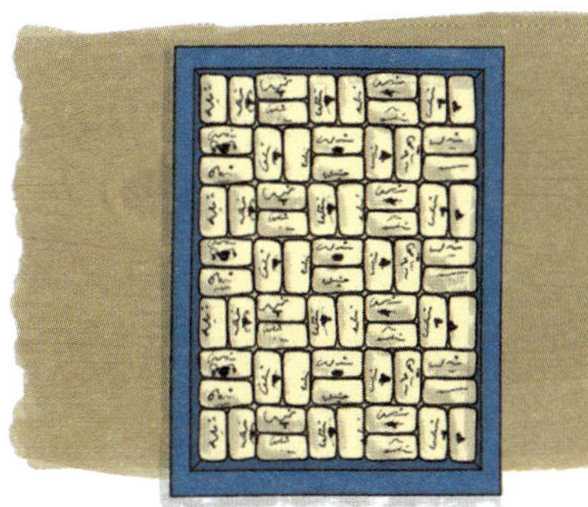

Bienenwachstücher fürs Pausenbrot

Nie wieder Plastikfolie! Egal ob Pausenbrot, Obst oder Gemüse – viele Lebensmittel lassen sich für unterwegs oder im Kühlschrank ganz einfach in wiederverwendbare Bienenwachstücher verpacken.

Das brauchst du:

Nicht wegwerfen:

- größere Reste Baumwollstoff, zum Beispiel alte Bettlaken, Kopfkissen oder Geschirrtücher, circa 28 Zentimeter × 40 Zentimeter (100 % Baumwolle!)

Sonstiges:

- Schere
- Backblech
- Backpapier
- etwas Kokos- oder Sonnenblumenöl
- Bio-Bienenwachspastillen (für ein 40 Zentimeter × 40 Zentimeter großes Tuch brauchst du etwa 3 – 4 Esslöffel Wachspastillen; gibt's beim Imker, in Bastelläden und in Drogeriemärkten)
- Bügeleisen und Bügelbrett

So geht's:

1 Zuerst schneidest du mit der Schere aus den Stoffresten Tücher in der gewünschten Größe zu. Die Tücher dürfen nicht größer als ein Backblech sein.

2 Lege dann das Backblech mit Backpapier aus und breite die Tücher darauf aus.

3 Als Nächstes tropfst du etwa alle 3 – 5 Zentimeter einen Tropfen Öl auf die Tücher. Das Öl macht das fertige Tuch später biegsamer, sodass du dein Pausenbrot besser darin einwickeln kannst.

4 Streue nun möglichst gleichmäßig Bienenwachspastillen auf die Tücher.

5 Jetzt kommen die Tücher bei 70 Grad für etwa 10 Minuten in den Backofen. Das Wachs schmilzt und zieht in die Tücher ein.

6 Ist alles Wachs geschmolzen, holst du das Blech aus dem Ofen und schaust, ob du noch größere Stellen finden kannst, die nicht von Wachs bedeckt sind. Wenn ja, macht das nichts. Streue einfach noch ein paar Bienenwachspastillen darauf und die Tücher wandern erneut in den Ofen. Sieht alles gut aus, holst du die Tücher samt Backpapier aus dem Ofen.

7 Jetzt werden die Tücher einzeln gebügelt. Ein Erwachsener zeigt dir bestimmt, wie du das Bügeleisen benutzt. Lege vorm Bügeln unbedingt Backpapier unter und über das Bienenwachstuch. Beim Bügeln wird das Wachs gleichmäßig auf dem Tuch verteilt und verbindet sich mit dem Öl.

8 Abkühlen lassen – fertig!

Tipps zur Reinigung

Bis auf rohes Fleisch lässt sich alles mit einem Bienenwachstuch verpacken. Um es zu reinigen spülst du es mit kaltem oder lauwarmem Wasser ab. Verwende kein Spülmittel oder zu heißes Wasser, denn das würde die Wachsschicht zerstören.

Bunte Zeitungs-Schalen

Die Zeitung von heute interessiert morgen schon niemanden mehr – und schwupp landet sie im Müll. Dabei lassen sich aus alten Zeitungen tolle Papp-maché-Kunstwerke basteln wie diese hübschen Schalen hier. Probiere es gleich aus!

Das brauchst du:

Nicht wegwerfen:
- alte Zeitungen

Sonstiges:
- Tapetenkleister
- buntes Papier in deinen Lieblingsfarben
- Glas- oder Porzellanschalen in verschiedenen Größen (je nachdem, wie viele Zeitungs-Schalen du machen möchtest)
- Vaseline
- Malerpinsel (breiter Borstenpinsel)
- bei Bedarf Schere
- bei Bedarf Klarlack

So geht's:

1 Als Erstes rührst du den Tapetenkleister, wie auf der Packung beschrieben, schön dick an. Er darf nicht zu flüssig werden.

2 Während du darauf wartest, dass der Kleister eindickt, reißt du alte Zeitung und buntes Papier in deiner Lieblingsfarbe in viele kleine Schnipsel (etwa 3 Zentimeter × 3 Zentimeter groß).

3 Basteln mit Pappmaschee macht Spaß, schmiert aber meist ziemlich. Bevor es losgeht, bedeckst du einen Tisch mit alter Zeitung oder einer Basteltischdecke. Lege eine Schale dann verkehrt herum (offene Seite nach unten) vor dir auf den Tisch. Creme die Außenseite der Schale mit einer dünnen Schicht Vaseline ein – das ist wichtig, damit das Pappmaschee sich später wieder ablösen lässt.

4 Jetzt trägst du mit dem Malerpinsel eine Schicht Kleister auf die Schale auf und bedeckst sie dann mit Zeitungsschnipseln, bis nichts mehr von ihr zu sehen ist. Lege die Schnipsel so auf, dass sie ein wenig überlappen, dann gibt es keine Lücken. Drück die Zeitungsstücke gut an und glätte sie, damit keine Blasen entstehen.

5 Ist die Schale mit Papierstreifen bedeckt, pinselst du wieder Kleister darüber und legst eine zweite Schicht Zeitungsschnipsel auf. Alles gut andrücken und glatt streichen. Wiederhole das, bis du vier Schichten Zeitung auf die Schale aufgeklebt hast.

6 Zum Abschluss folgt wieder eine Schicht Kleister, aber dann wird die Schüssel mit den farbigen Papierschnipseln beklebt. Wiederhole auch dies, sodass zwei Schichten farbiges Papier aufgeklebt sind. Achte darauf, dass kein Zeitungspapier durchblitzt. Drücke alles noch einmal gut an und streiche die Schnipsel glatt.
Auf diese Art entsteht eine Schale, die außen farbig und innen mit Text ausgekleidet ist. Für die Variante innen Farbe und Text außen beklebst du die Schüssel genau andersherum – zuerst buntes Papier, dann Zeitung.

7 Nun musst du sehr geduldig sein und deine Pappmaschee-Schüssel gut durchtrocknen lassen. Stelle sie dazu an einen warmen Ort, zum Beispiel in den Heizungskeller. Das Trocknen kann zwei bis drei Tage dauern.

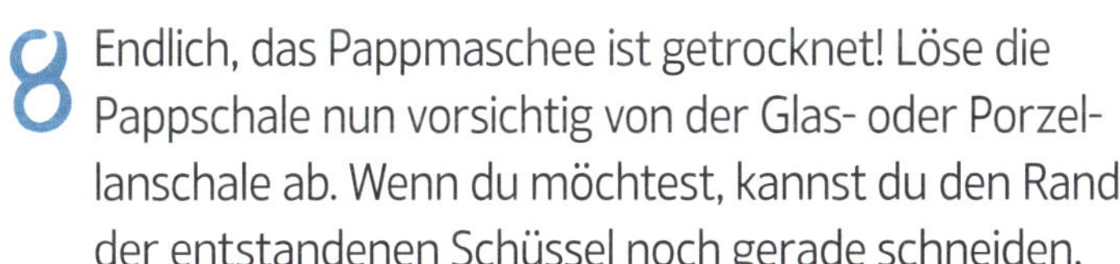

8 Endlich, das Pappmaschee ist getrocknet! Löse die Pappschale nun vorsichtig von der Glas- oder Porzellanschale ab. Wenn du möchtest, kannst du den Rand der entstandenen Schüssel noch gerade schneiden.

9 Für eine glänzende Schale sprühst oder streichst du dein Pappmaschee-Kunstwerk mit Klarlack ein und lässt es trocknen.

Ordnungshelfer

Dass sich unter der bunten Hülle dieses praktischen Aufräumhelfers eine leere Cornflakes-Packung versteckt, hättest du bestimmt nicht gedacht, oder? Zum Aufbewahren von Zeitschriften, Malbüchern und Zetteln eignen sich die großen Pappboxen prima – und leicht gebastelt sind sie auch.

Das brauchst du:

Nicht wegwerfen:

- 1 große leere Cornflakes-Packung
- größere Reste Geschenkpapier (oder Washi Tape)

Sonstiges:

- Schere
- Stift
- langes Lineal
- bei Bedarf Kleber

So geht's:

1 Zuerst schneidest du die oberen Laschen an der Cornflakes-Packung mit der Schere ab.

2 Als Nächstes zeichnest du mithilfe eines langen Lineals auf der Vorder- und Rückseite der Box eine schräge Ecke ein. Im Bild siehst du, wie es gemacht wird. Wie groß die Ecken sind, ist egal, es ist nur wichtig, dass sie auf beiden Seiten genau gleich groß sind. Dazu muss einfach nur der Strich auf beiden Seiten genau gleich lang sein, dann werden auch die Ecken gleich groß. Achte also genau auf die Zentimeterangaben auf deinem Lineal. Zuletzt verbindest du die beiden schrägen Striche mithilfe des Lineals über die schmale Packungsseite miteinander.

3 Schneide nun mit der Schere an den eingezeichneten Strichen entlang. Und schon hat die Packung die Form eines Ordnungshelfers.

4 Damit dein Ordnungshelfer nicht nur praktisch ist, sondern auch hübsch aussieht, wird die Packung nun beklebt. Dazu kannst du Washi Tape oder Geschenkpapier verwenden:

5 **Washi Tape**

- Starte an der unteren Kante der Verpackung und wickle die Cornflakes-Box Streifen für Streifen in unterschiedlich buntes oder gemustertes Tape. Je nachdem, wie durchsichtig das Tape ist, kann es sein, dass du manche Streifen in mehreren Schichten um die Box kleben musst. Überstehendes Tape schneidest du einfach ab.
- Zum Schluss versiegelst du die Kanten der Öffnung, damit sich nichts ablöst. Nimm dazu einen langen Streifen Washi Tape und falte ihn der Länge nach über alle Kanten deines Ordnungshelfers.

Geschenkpapier

- Nimm ein großes Stück Geschenkpapier und lege es um die Verpackung herum. Mit der Schere schneidest du das Geschenkpapier entlang der Umrandung der Cornflakes-Box grob nach und faltest die Kanten um die Box.
- Streiche die gesamte Verpackung mit Kleber ein, lege das Geschenkpapier entsprechend den vorgeknickten Kanten um die Box und drücke das Papier fest.
- Überstehendes Papier schneidest du ab oder faltest es nach innen in die Öffnung der Box. Der Boden wird wie bei einem Geschenk gefaltet.

Magnete aus Kronkorken

Ein echter Hingucker wird deine Magnetwand mit diesen bunt gestreiften Upcycling-Magneten aus Kronkorken und Washi Tape.

Das brauchst du:

Nicht wegwerfen:
- Kronkorken
- bei Bedarf Pappreste

Sonstiges:
- Blatt Papier, Größe DIN A4
- unterschiedliches Washi Tape (oder Acrylfarbe und Pinsel)
- Stift
- Schere
- selbst klebende Magnetplättchen (bekommst du im Bastelgeschäft; du benötigst so viele Magnete, wie du Kronkorken zum Basteln hast)
- Kleber

So geht's:

1 Zuerst wäschst du die Kronkorken gründlich und trocknest sie dann ab.

2 Für die Washi-Tape-Verzierung klebst du unterschiedliche Streifen des bunten Tapes leicht überlappend nebeneinander auf ein Blatt Papier, bis du eine bunte Streifenfläche hast.

3 Jetzt legst du einen Kronkorken verkehrt herum auf die Washi-Tape-Fläche und zeichnest mit einem Stift den Umriss darauf. Das wiederholst du, bis du für jeden Kronkorken, den du in einen Magneten verwandeln möchtest, einen Kreis aufgezeichnet hast.

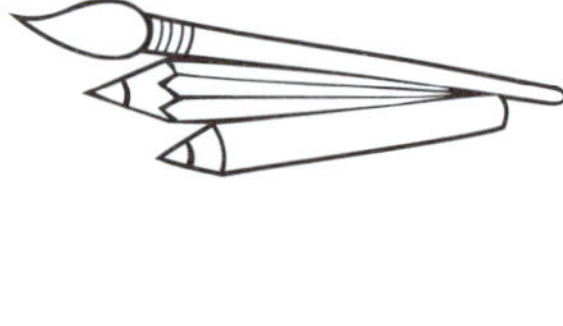

4 Schneide die Kreise aus – jetzt hast du runde Washi-Tape-Sticker. Knibbele vorsichtig das Papier darunter weg und klebe die gestreiften Kreise auf die Vorderseiten der Kronkorken.

5 Als Nächstes klebst du die selbst klebenden Magnetplättchen innen in die Kronkorken hinein.

Die aufgeklebten Magnetplättchen sollten ein klein wenig über den geriffelten Rand der Kronkorken hinausstehen, sonst halten diese später nicht auf deiner Magnettafel oder am Kühlschrank. Sind deine Magnetplättchen zu flach, klebst du einfach etwas Pappe zur Aufpolsterung in die Kronkorken hinein und klebst anschließend die Magnetplättchen auf die Papp-Polsterung.

Fertig sind die Magnete!

Kunterbunte Variante

Wenn du kein Washi Tape hast, kannst du die Kronkorken auch einfach mit Acrylfarbe bunt anmalen, trocknen lassen und dann die Magnetplättchen hineinkleben wie beschrieben.

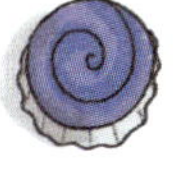

Mach was Schönes aus Müll!

Hättest du gedacht, dass man aus Teebeutelpapier, leeren Eierkartons oder Waschmittelflaschen was Schönes zaubern kann? Aber klaro, das geht! Mit ein wenig Bastelei werden hieraus und aus anderen Dingen, die sonst im Müll gelandet wären, schöne Dinge zur Dekoration deines Zimmers, Gartens oder Balkons.

Mini-Blumentöpfe aus Blechdosen

Ideal als Pflanztöpfchen für Kakteen und andere Pflanzen, die du nur selten gießen musst.

Das brauchst du:

Nicht wegwerfen:
- alte, bedruckte Konservendosen, die innen beschichtet sind
- Stoffreste oder buntes Papier oder alte Zeitungen

Sonstiges:
- dicken Borstenpinsel
- Schere
- wasserlöslichen Leim

So geht's:

1 Egal, ob Papier oder Stoffreste – schneide die Teile so breit, dass du sie außen um die Dose wickeln kannst und unten noch ein Stück übersteht.

2 Streiche den Leim mit dem Pinsel großflächig auf die äußere Fläche der Dosen und am Boden.

3 Wickele nun das Papier oder den Stoffrest straff um die Dose. Achte darauf, dass das Papier oder der Stoffrest oben nicht übersteht.

4 Den Stoff oder das Papier, das unten übersteht, drückst du am Boden fest.

5 Jetzt brauchst du nur noch ein wenig Geduld: Damit die Dose gut trocknen kann, drehst du sie um und wartest einige Stunden.

Grüne Tipps

Zum Bepflanzen gibst du erst einige Kiesel in die Dose. Darauf setzt du dann die Pflanze und füllst vom Rand her Erde, vermischt mit Sand, ein. Nur wenig gießen – Kakteen und andere Wüstenpflanzen kommen fast ohne Wasser aus!

Schwimmkerzen aus Wachsresten

Ein echter Bastel-Klassiker für den Winter, mit dem du eine wunderschöne Stimmung zaubern kannst.

Das brauchst du:

Nicht wegwerfen:
- Kerzenstummel und andere Wachsreste
- große leere Konservendose

Sonstiges:
- Stövchen und ein Teelicht
- Gabel
- Dochte: Ideal sind kurze Dochtstücke mit einem Metallfuß.
- Schere
- Topflappen
- Silikonform mit vielen kleinen Förmchen zum Befüllen oder Silikonformen für Muffins
- flache Schale mit Wasser
- Zündholzschachtel mit Zündhölzern oder ein Feuerzeug

So geht's:

1 Los geht es mit dem Einschmelzen der Wachsreste. Gib die Kerzenreste in die Konservendose. Zünde das Teelicht des Stövchens an.

2 Stelle die Dose mit den Wachsresten auf das Stövchen. Jetzt heißt es eine Weile warten, bis das Wachs geschmolzen ist.

3 Sobald die Kerzenreste eingeschmolzen sind, fischst du mit der Gabel die Dochtreste aus der Dose.

4 Stelle die Dochte mit dem Metallfuß in die Mitte der Förmchen. Ideal ist es, wenn der Docht oben etwa einen Zentimeter aus dem Förmchen herausragt, dann kannst du die Kerze gut anzünden! Kürze gebenenfalls mit der Schere.

5 Nimm nun die Dose mit einem Topflappen und gieße die Förmchen vorsichtig mit dem flüssigen Wachs aus. Achte darauf, dass die Dochte in der Mitte der Förmchen sind, damit die Kerze später gleichmäßig abbrennen kann.

6 Warte nun, bis das Wachs komplett abgekühlt ist. Dann kannst du die Kerzen aus den Förmchen herauslösen, indem du auf die Unterseite der Silikonform drückst und sie nach oben stülpst.

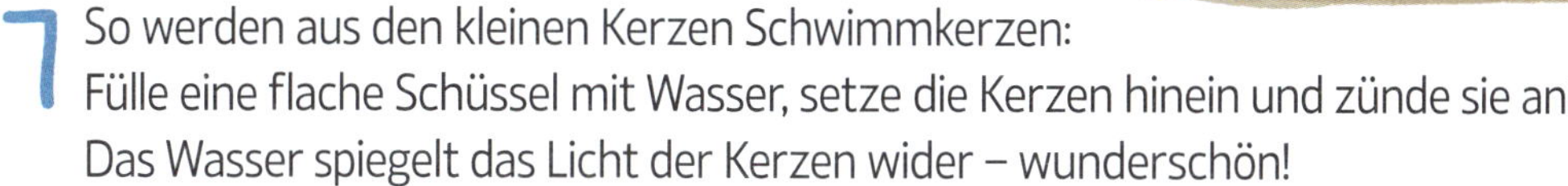

7 So werden aus den kleinen Kerzen Schwimmkerzen: Fülle eine flache Schüssel mit Wasser, setze die Kerzen hinein und zünde sie an! Das Wasser spiegelt das Licht der Kerzen wider – wunderschön!

Vorrat

Die Wachsreste, die beim Einfüllen auf der Silikonform gelandet sind, kannst du schon für dein nächstes Wachsprojekt in der Dose sammeln!

Lustige Kork-Köpfe für Stifte

Flaschenkorken sind viel zu wertvoll zum Wegwerfen! Bastel doch eine Dekoration daraus, mit der du spielen kannst.

Das brauchst du:

Nicht wegwerfen:

- Flaschenkorken
- alte Knöpfe, Wollreste und andere Deko-Reste, zum Beispiel Pfeifenputzer-Stückchen, Kronkorken, kleine Plastik-Deckel, bunte Reißnägel, Heftklammern …

Sonstiges:

- Handbohrer
- Bleistifte oder farbige Stifte
- Kreativmarker mit einem breiten Strich
- Niedrigtemperatur-Heißklebepistole

So geht's:

1 Bohre mit dem Handbohrer ein etwa 1 Zentimeter tiefes Loch mit dem Durchmesser eines Stifts in jeden Korken.

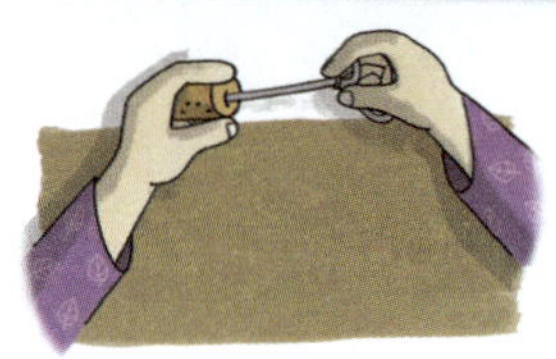

2 Stecke die Korken auf die Stifte und bemale sie mit den Markern. Beginne mit einer hellen Farbe und male dann die dunkleren Teile, wie zum Beispiel das Gesicht, auf.

3 Mit einer Heißklebepistole kannst du Bastelreste aufkleben, zum Beispiel einen alten, großen Knopf als Hut, Stoffreste, kleine Pfeifenputzer-Stücke und vieles mehr. Fertig ist deine Kork-Kopf-Deko!

Kork-Theater

Erwecke deine Kork-Köpfe zum Leben und spiele Theater: Stell dir vor, ein Kork-Pinguin trifft einen Kork-Polizisten. Was sagt der Pinguin, was macht der Polizist? Lasse dir etwas einfallen!

Kerzenständer aus Deckeln

Das brauchst du:

Nicht wegwerfen:
- Metalldeckel in verschiedenen Größen

Sonstiges:
- Marker
- Kerze oder Teelicht
- Sekundenkleber

Marmeladengläser, Gläser von sauren Gurken, Zwiebeln oder Mais ... Beim Altglas-Sammeln kommen viele Deckel zusammen. Anstatt sie zum Recycling zu geben, kannst du Kerzenständer daraus basteln!

ACHTUNG

Damit du dich beim Basteln mit Sekundenkleber nicht verletzt, bitte lieber einen Erwachsenen um Hilfe!

So geht's:

1. Sortiere deine Deckelsammlung nach der Größe.
2. Damit der Kerzenständer stabil wird, kommt der größte Deckel nach unten. Leg ihn mit der Fläche nach oben auf den Tisch.
3. Wähle einen etwas kleineren Deckel aus und platziere ihn genau so, dass er mittig auf dem größeren Deckel liegt. Zeichne mit dem Marker mehrere Punkte ein, damit du den kleineren Deckel genau an diese Stelle aufkleben kannst. Bestreiche ihn an den Rändern mit Sekundenkleber und lege ihn auf den größeren Deckel.

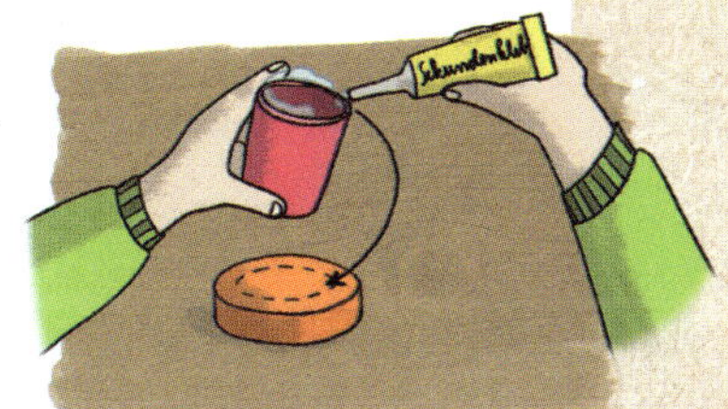

4. Wiederhole Schritt 3 noch ein paarmal.
5. Für die Halterung deiner Kerze kannst du einen größeren Deckel auswählen. Klebe ihn mit der flachen Seite nach unten auf deinen Deckelturm.

6. Jetzt brauchst du nur noch eine Kerze oder ein Teelicht hineinzustellen – fertig!

Blumen-Lichterkette aus kleinen Joghurtbechern

Das brauchst du:

Nicht wegwerfen:
- kleine farbige Joghurtbecher

Sonstiges:
- scharfes kurzes Messer
- kleine Bastelschere
- Lichterkette
- durchsichtiges Klebeband

Klein, aber oho: Mit Mini-Joghurtbechern aus Plastik kannst du eine Lichterkette zum Blühen bringen!

So geht's:

1 Zähle die Lämpchen deiner Lichterkette und sammele ebenso viele kleine Joghurtbecher.

2 Stelle die Joghurtbecher auf den Kopf und stich mit der Messerspitze ein Loch in den Boden eines jeden Bechers.

3 Für die Blüten schneidest du zuerst den Rand der Joghurtbecher mit der Schere ab. Danach kannst du mit der Schere Blütenblätter in verschiedenen Formen schneiden, spitz, rund, zackig oder verschiedenartige Blütenblätter gemischt.

4 Stecke nun die Lämpchen der Lichterkette durch die kleinen Löcher am Boden.

5 Lichterkette einschalten, schon blühen deine Becherblumen!

6 Damit die kleinen Lampenschirme nicht herunterfallen, solltest du sie mit durchsichtigem Klebeband an den Lämpchen festmachen.

Eierkarton-Blüten

Wenn du keine Joghurtbecher hast, kannst du deine Lichterkette mit bunten Blüten aus Eierkartons, wie du sie auf Seite 61 findest, verschönern!

Fensterdeko aus alten CDs

Der Glitzerspaß am Fenster ist einfach zu machen und sieht sehr edel aus!

Das brauchst du:

Nicht wegwerfen:

- alte CDs oder DVDs, die auf beiden Seiten unbedruckt sind
- Deko-Materialien, zum Beispiel alte Knöpfe, Perlen ...

Sonstiges:

- durchsichtigen Alleskleber
- Nylonfaden, mindestens 50 Zentimeter lang
- Marker, mit denen du auf Kunststoff malen kannst

So geht's:

1 Gib Klebstoff auf deine CD. Du kannst einzelne Punkte auftragen oder Muster machen, zum Beispiel Streifen, Wellenlinien ...

2 Klebe das Deko-Material auf die CD. Besonders schön glitzern durchsichtige Deko-Steinchen!

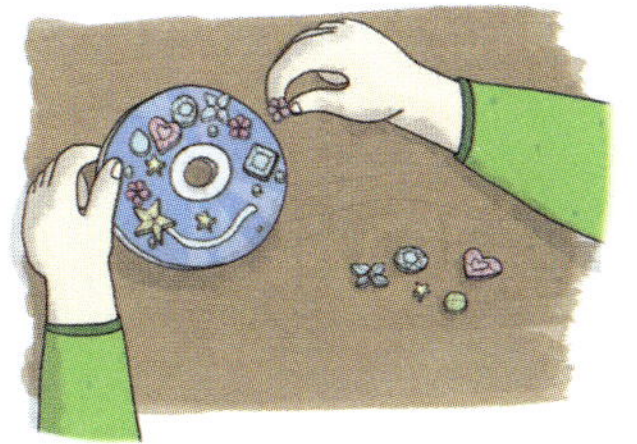

3 Warte, bis deine Dekoration fest angetrocknet ist. Dann kannst du die andere Seite dekorieren. Dazu wiederholst du die Schritte 1 und 2.

4 Warte wieder, bis auch die zweite Seite getrocknet ist. Ziehe dann den Nylonfaden durch das Loch in der Mitte und verknote ihn. Fertig ist deine Fensterdekoration!

Alternative Verschönerungsidee

Du kannst deine alten CDs oder DVDs auch bemalen oder beide Techniken, das Kleben und Malen, kombinieren. Zum Malen brauchst du bunte Marker, mit denen du auf Kunststoff malen kannst.

Mini-Garten in einer PET-Flasche

Das brauchst du:

Nicht wegwerfen:
- eine große PET-Flasche, 1,5 Liter

Sonstiges:
- Cuttermesser
- Gewebeband
- dicke Schnur, mindestens 50 Zentimeter lang
- Stoffrest aus Baumwolle, zum Beispiel von einer kaputten Jeans
- torffreie Pflanzerde
- einige Erdbeerpflanzen

Ein Hochbeet im Kleinstformat: Lasse aus einer alten PET-Flasche leckere Erdbeeren wachsen!

So geht's:

1 Schneide mit dem Cuttermesser den Boden der Flasche waagerecht ab. Arbeite mit dem Cuttermesser sehr vorsichtig oder bitte einen Erwachsenen um Hilfe.

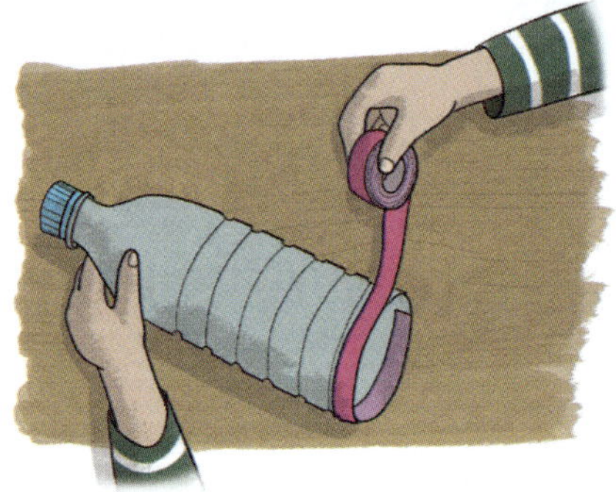

2 Klebe den Rand mit Gewebeband ab.

3 Stich mit dem Cuttermesser an zwei gegenüberliegenden Seiten ein Loch in die Flasche. Ziehe die Schnur an beiden Seiten von außen nach innen durch die Löcher.

4 Verknote die Schnur innen von beiden Seiten.

5 Schraube den Flaschendeckel ab. Forme den Stoffrest zu einem Knäuel und stecke ihn in die Flasche. So bleibt die Erde in der Flasche, während das überschüssige Gießwasser abfließt.

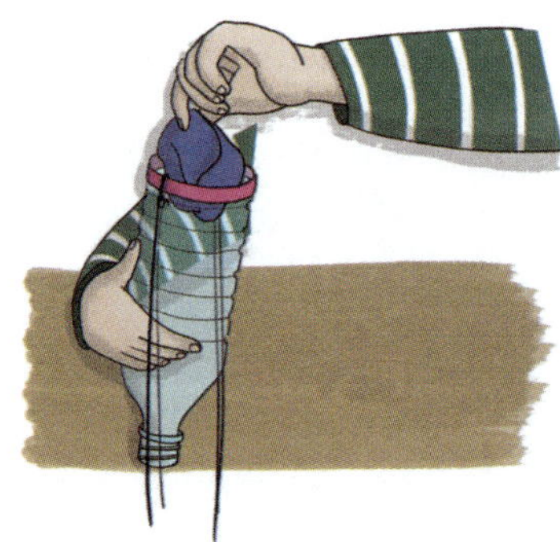

6 Fülle nun Pflanzerde in die Flasche und setze in die Öffnung oben eine Erdbeerpflanze ein.

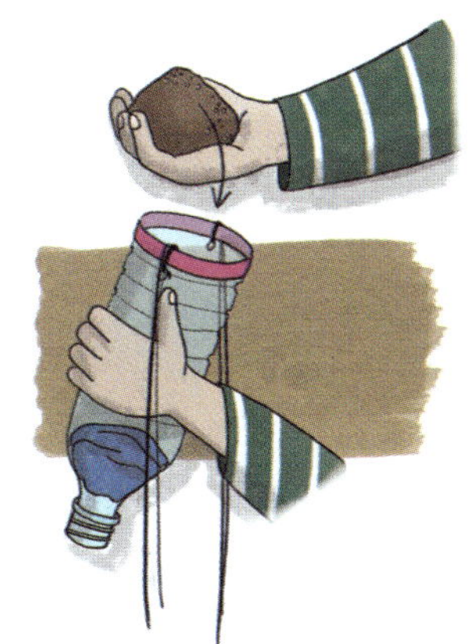

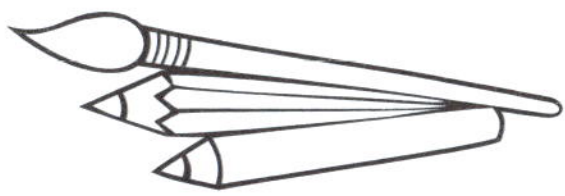

7 Schneide mit dem Cuttermesser an den Seiten mehrere kleine Löcher und setze Erdbeerpflanzen ein.

8 Gieße den PET-Minigarten vorsichtig und hänge ihn im Garten oder auf dem Balkon auf.

Ich liebe Erdbeeren!

Windspiel aus PET-Flaschen

PET-Flaschen sind leicht und trotzdem sehr stabil. Ideal, um damit ein Windspiel für den Garten oder Balkon zu basteln!

Das brauchst du:

Nicht wegwerfen:
- 1 große PET-Flasche, 1,5 Liter

Sonstiges:
- farbige Klebebänder aus Kunststoff, zum Beispiel Isolierband
- Cuttermesser
- Büroklammer oder ein Stück dünnen Draht
- Doppel-Clip zum Aufhängen
- Schnur, mindestens 50 Zentimeter lang

So geht's:

1 Zuerst spülst du die Flasche gründlich aus und entfernst die Banderolen.

2 Nimm ein farbiges Klebeband und klebe einen Streifen ein paar Zentimeter unterhalb des Flaschenhalses um die Flasche herum. Klebe einen weiteren Streifen ein paar Zentimeter oberhalb des Bodens um die Flasche. Wenn du Klebeband übrig hast, kannst du noch mehr Ringe um die Flasche kleben.

3 Schneide dann vorsichtig von dem oberen Klebeband-Ring bis zu dem unteren Ring im Abstand von etwa 1 ½ Zentimetern lange, gerade Schlitze mit dem Cuttermesser.

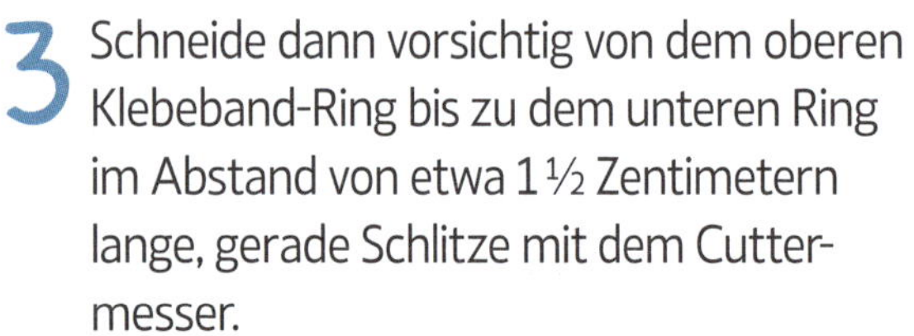

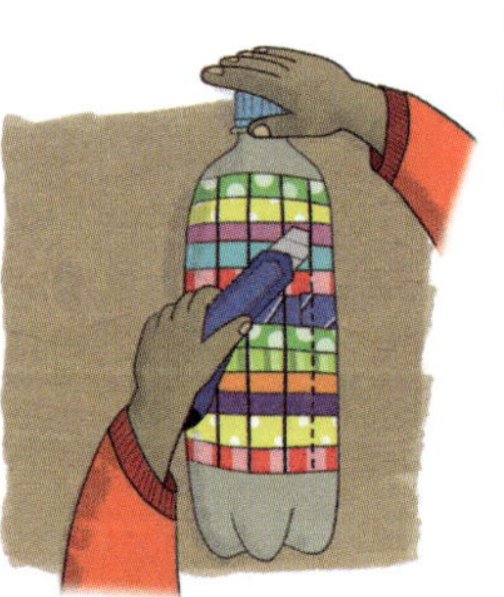

4 Dreh die Flasche mit dem Deckel nach unten und drücke sie so fest zusammen, dass die Streifen sich nach außen wölben.

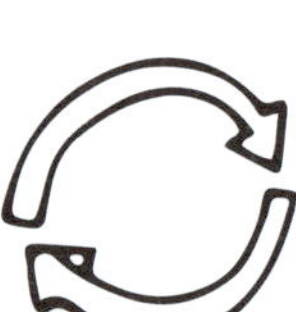

5 Halte die Flasche gedrückt und drücke jeden Streifen in der Mitte fest zusammen, sodass ein Knick entsteht.

6 Damit der Wind sich in dem Windspiel verfängt, braucht er Angriffsflächen. Nimm nach und nach jeden Streifen, drehe und knicke ihn nach außen, sodass er ein bisschen absteht.

7 Jetzt kommt die Aufhängung: Schneide vorsichtig mit dem Cuttermesser ein kleines Loch in den Deckel. Biege dann die Büroklammer auseinander oder nimm das Stück Draht und befestige es an dem Doppel-Clip. Stecke den Draht in das Loch im Deckel und drücke die überstehenden Drahtstücke auseinander, damit sie fest bleiben.

8 Jetzt brauchst du nur noch den Flaschendeckel auf die Flasche zu drehen, eine Schnur an den Doppel-Clip zu knoten und schon kannst du dein Windspiel im Garten aufhängen!

Lampentier

Ist die Wasch- oder Putzmittelflasche schon wieder leer? Nicht wegwerfen! Mit ein paar Handgriffen kannst du daraus ein lustiges Lampentier basteln!

Das brauchst du:

Nicht wegwerfen:

- 1 große Wasch- oder Putzmittelflasche aus Kunststoff
- Reste von Moosgummi
- Stoffreste
- Wollreste
- mindestens 4 Plastikdeckel, am besten Schraubverschlüsse von Getränkekartons oder PET-Flaschen

Sonstiges:

- Bleistift
- schwarzen Marker, mit dem du auf Kunststoff zeichnen kannst, oder Klebe-Augenpunkte
- Cuttermesser
- Flüssigkleber
- Niedrigtemperatur-Heißklebepistole
- Mini-Lichterkette, am besten mit Stecker

So geht's:

1 Spüle die Flasche aus und entferne die Etiketten. Lasse die Flasche gut trocknen.

2 Überlege dir, wie du dein Lampentier gestalten möchtest. Sehr gut sieht es aus, wenn der Schraubverschluss die Nase oder den Rüssel darstellt.

3 Skizziere die Stellen für die Augen mit dem Bleistift. Zeichne sie dann, wenn die Position auf beiden Seiten übereinstimmt, mit dem Marker oder klebe Augenpunkte auf.

4 Schneide die Moosgummi-, Stoff- und Wollreste für die übrige Dekoration wie zum Beispiel Haare, Flossen, Ohren, Flügel oder Schwanz in Form und klebe sie auf das Flaschentier.

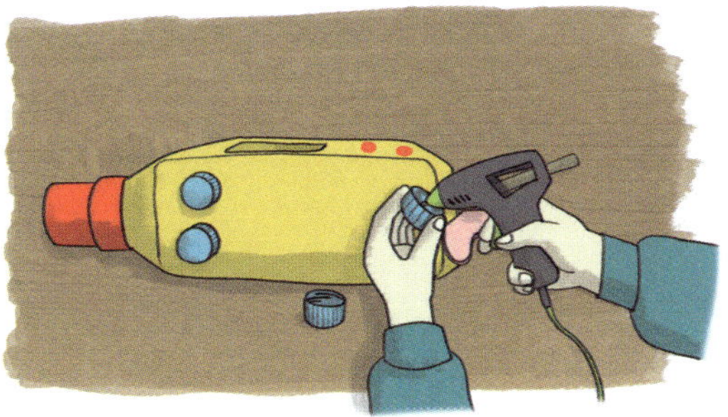

5 Damit du dein Lampentier aufstellen kannst, braucht es Beine. Klebe mit der Heißklebepistole die vier Kunststoffdeckel unten an den Körper des Lampentiers.

6 Schneide vorsichtig mit dem Cuttermesser in den Boden der Flasche einen kleinen Schlitz. Stecke die Mini-Lichterkette dort hindurch in den Korpus. Schüttele das Flaschentier ein wenig, damit sich die Lämpchen in der Flasche gut verteilen. Dann kommt der Stecker in die Steckdose. Einschalten – schon leuchtet dein Lampentier!

Weihnachtsbaum-schmuck aus Orangen- und Grapefruitschalen

Das brauchst du:

Nicht wegwerfen:
- Schalen von Orangen und Grapefruits

Sonstiges:
- kleines Messer
- Plätzchen-Ausstechförmchen
- Backblech mit Backpapier
- 2 schwere Schneidbretter
- 2 Baumwolltücher
- Handbohrer
- Geschenkband oder dünne Schnur
- Schere

Weihnachtszeit ist Bastelzeit: Sterne, Tannenbäume und Monde aus Orangen- und Grapefruitschalen sind ruckzuck gemacht und duften wunderbar!

So geht's:

1 Schneide die Orange oder Grapefruit so ein, dass du beim Schälen vier etwa gleich große Schalenstücke ablöst.

2 Drücke die Schalenstücke vorsichtig flach. Lege ein Ausstechförmchen auf das Schalenstück, drücke mit der Hand fest auf das Förmchen und stanze so einen Anhänger aus.

3 Lege die ausgestanzten Motive mit der Außenseite der Schale nach oben auf ein Backblech mit Backpapier und lasse sie bei etwa 150 Grad etwa 10 Minuten im Ofen trocknen.

4 Lege sie anschließend auf das Schneidbrett, mit einem Baumwolltuch darunter. Lege auf die Anhänger das zweite Baumwolltuch und beschwere alles mit einem dicken Schneidbrett. So werden sie flach gepresst und verlieren ihre restliche Feuchtigkeit.

5 Nach etwa einem Tag sind sie ganz trocken. Nimm nach und nach jeden Anhänger, bohre mit einem Handbohrer ein Loch in den oberen Rand und ziehe ein Geschenkband oder eine Schnur zum Aufhängen durch. Verknote anschließend das Geschenkband oder die Schnur.

Blumenbild aus Eierkarton

Das brauchst du:

Nicht wegwerfen:

- Karton, etwas größer als ein DIN-A4-Blatt für den Drucker
- leeren Eierkarton
- Knöpfe in verschiedenen Farben
- grüne Wollreste
- Geschenkband-Rest

Sonstiges:

- Schere, Klebestift
- weißes oder farbiges Papier, Größe DIN A4
- Acrylfarben und Pinsel
- Bleistift
- Flüssigkleber

Selbst gemacht statt gekauft – über diesen Blumenstrauß freut sich deine Mama ganz besonders!

So geht's:

1 Klebe mit dem Klebestift ein Blatt weißes oder farbiges Papier auf den Karton und schneide es zusammen mit dem Karton sorgfältig aus. Das ist der Hintergrund für dein Blumenbild.

2 Trenne die Vertiefungen der Eierkartons. Schneide jede Vertiefung so zu, dass sie die Form einer Blüte ergibt.

3 Male deine Blüten mit Acrylfarben an und lasse sie gut trocknen.

4 Klebe einen Knopf in die Mitte jeder Blüte.

5 Lege die Blüten auf deinem Bild-Karton so zurecht, dass sie wie ein Blumenstrauß aussehen, und klebe sie fest.

6 Schneide mit der Schere die Wollreste in etwa 10 Zentimeter lange Stücke. Sie werden die Blumenstiele.

7 Zeichne mit dem Bleistift die Stiele der Blumen vor, gib dünn Flüssigkleber auf die Linien und klebe die Wollrestestücke darauf fest.

8 Binde mit dem Geschenkband eine Schleife und klebe sie dort auf, wo sich die Stiele kreuzen – fertig ist dein Blumenstrauß-Bild!

Pimp your Spiegelrahmen!

Das brauchst du:

Nicht wegwerfen:
- alten Spiegel mit einem breiten Rahmen
- jede Menge bunte Magazine, Prospekte
- Reste von Geschenkpapier und farbigem Papier

Sonstiges:
- langes Lineal
- Bleistift
- Schere, Klebestift
- Flüssigkleber
- Zahnstocher, Schaschlikspieß oder dünne Stricknadel
- Cuttermesser

Spieglein, Spieglein an der Wand … Liebst du es auch, dich zu verkleiden und im Spiegel anzusehen? Mit ein wenig Geschick und ein paar Materialien wird aus einem alten Spiegel mit Holzrahmen ein echter Hingucker!

So geht's:

1 Zeichne mit dem Lineal in etwa 1,5 Zentimeter Abstand Linien auf die Magazin- oder Prospektseiten. Schneide mit der Schere entlang der Linien, so bekommst du jede Menge bunte Streifen!

2 Falte deine Papierstreifen auf die Hälfte der Breite zusammen.

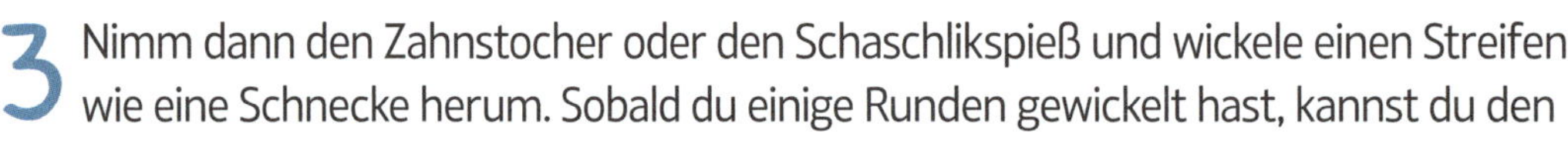

3 Nimm dann den Zahnstocher oder den Schaschlikspieß und wickele einen Streifen wie eine Schnecke herum. Sobald du einige Runden gewickelt hast, kannst du den Zahnstocher oder das Schaschlikstäbchen vorsichtig herausziehen. So lange weiterwickeln, bis der Streifen komplett aufgerollt ist. Klebe die letzten 2 Zentimeter des Streifens mit einem Klebestift an der Rolle fest. Nimm einen weiteren Papierstreifen, klebe ihn ebenfalls an und rolle damit weiter …

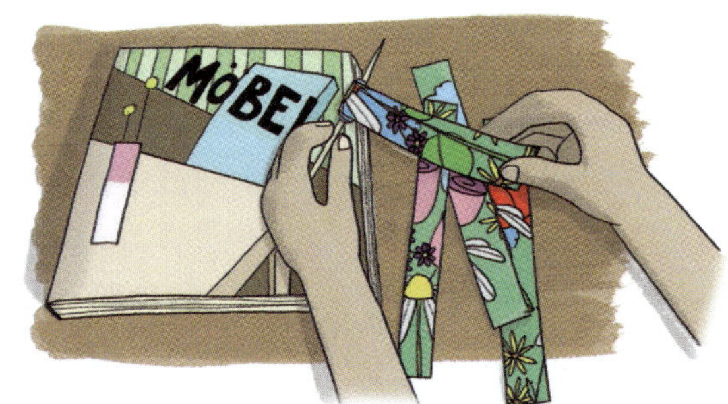

4 Drehe auf diese Weise jede Menge Rollen in verschiedenen Größen. Besonders schön werden die kleinen Rollen, wenn du immer wieder Streifen mit farbigem Papier einarbeitest.

5 Wie viele Rollen brauchst du? Ordne die Rollen auf deinem Rahmen so an, wie es dir am besten gefällt.

6 Besonders hübsch sieht es aus, wenn du den gesamten Rahmen mit Rollen verzierst. Arrangiere die großen und kleinen Rollen so, dass die Lücken möglichst klein sind.

7 Wenn du genügend Rollen gebastelt hast, kannst du mit dem Kleben beginnen. Verwende am besten einen lösemittelfreien Flüssigkleber und klebe die Rollen nach und nach auf den Rahmen.

Schnelle Variante

1. Schneide die Zeitschriften und Papierreste in breite Streifen.
2. Nimm eine lange, dünne Stricknadel oder einen Schaschlikspieß und wickele die Streifen mehrmals herum, sodass ein langes Röhrchen entsteht. Klebe das Ende der Rolle mit einem Klebestift fest.
3. Bastele jede Menge Röllchen. Hast du genug? Lege die Röllchen nebeneinander auf den Rahmen. Bastele so viele Röllchen, bis der Rahmen komplett bedeckt ist.
4. Nun klebst du die Röllchen fest.
5. Die Röllchen, die über den Rand hinausragen, schneidest du vorsichtig mit einem Cuttermesser ab.

Silhouettenbild aus alten Zeitschriften und Zeitungen

Das brauchst du:

Nicht wegwerfen:
- Magazine, Prospekte, Reste von Geschenkpapier und farbigem Papier
- Karton

Sonstiges:
- langes Lineal
- Bleistift
- Schere
- Cuttermesser
- breiten Borstenpinsel
- Flüssigkleber

Eisbär, Schmetterling, Flugzeug ... Mit farbigen Papierstreifen wird alles kunterbunt!

So geht's:

1 Zeichne mit dem Lineal in etwa 1 Zentimeter Abstand Linien auf das Papier. Schneide mit der Schere entlang der Linien, so bekommst du jede Menge Streifen!

2 Wähle eine Vorlage von Seite 104 und 105 aus und übertrage sie mit Bleistift auf den Karton.

3 Schneide die Figur mit dem Cuttermesser vorsichtig aus.

4 Nimm den Pinsel und bestreiche einen Teil der Figur mit Flüssigkleber. Klebe die Streifen so nebeneinander auf, dass sie sich ein wenig überlappen.

5 Wenn du die Figur beklebt hast, drehst du sie um. Bestreiche den Rand etwa 2 Zentimeter breit mit Klebstoff.

6 Knicke die überstehenden Streifen um und drücke sie fest.

7 Damit das Bild glatt wird, kannst du es mit Flüssigkleber bestreichen.

8 Trocknen lassen, fertig!

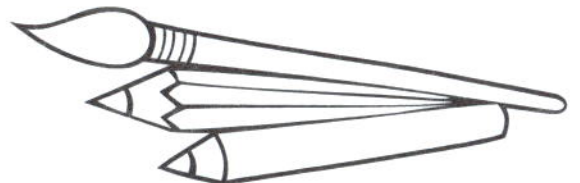

Mich könntet ihr auch etwas bunter machen!

Gruselmonster aus Taschentuchboxen

Das brauchst du:

Nicht wegwerfen:
- leere Taschentuchbox
- Bastelreste, zum Beispiel Papierschnipsel, Knöpfe, Stoffreste, Korken, Wollreste, Schnüre, Einweg-Gabeln …

Sonstiges:
- Grundierfarbe, zum Beispiel Acrylfarbe
- Pinsel
- Schere
- Klebestift
- 1 Bogen weißes Kartonpapier
- LED-Teelicht(er) oder LED-Lichterkette

Ist dir beim Einschlafen manchmal ein bisschen mulmig? Schluss damit! Dein selbst gebautes Gruselmonster vertreibt die Angst – probiere es aus!

So geht's:

1 Bestreiche die Taschentuchbox mit Acrylfarbe und lasse sie trocknen.

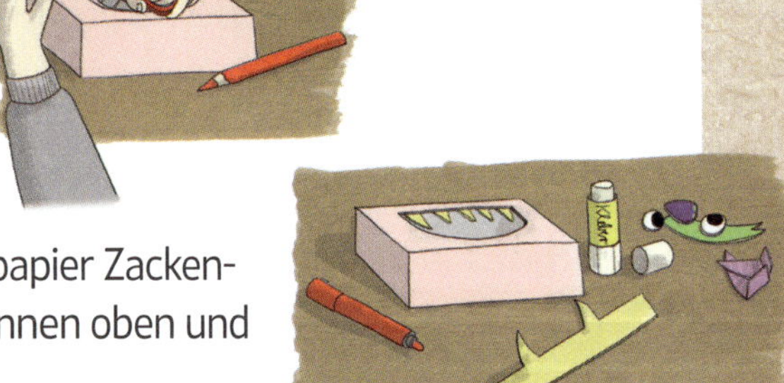

2 Wie soll dein Monster aussehen? Freundlich oder wild? Gib deinem Monster einen Gesichtsausdruck, indem du die Mundöffnung mit der Schere zuschneidest.

3 Zähne gefällig? Schneide aus dem weißen Kartonpapier Zackenreihen, bestreiche sie mit Klebstoff und klebe sie innen oben und unten fest.

4 Jetzt kannst du experimentieren: Mit Flaschendeckeln oder Knöpfen kannst du Augen hinzufügen, aus Wollresten ein Büschel Haare formen, zwei Einweg-Gabeln aus Holz werden Ohren …

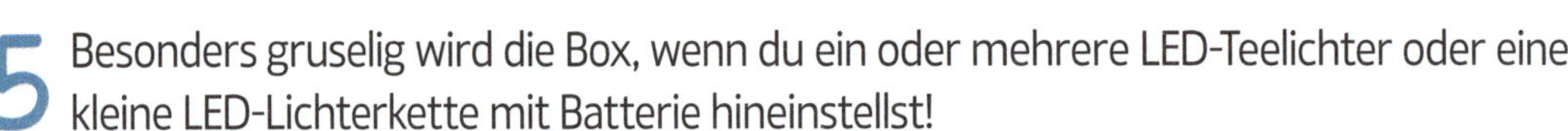

5 Besonders gruselig wird die Box, wenn du ein oder mehrere LED-Teelichter oder eine kleine LED-Lichterkette mit Batterie hineinstellst!

Buchstaben fürs Kinderzimmer

Das brauchst du:

Nicht wegwerfen:
- Karton
- Wollreste in verschiedenen Farben

Sonstiges:
- Bleistift
- Cuttermesser
- Schere
- Pinsel
- schnell trocknenden Flüssigkleber oder Niedrigtemperatur-Heißklebepistole
- Klebestreifen, die sich wieder ablösen lassen

Mit selbst gebastelten Buchstaben an deiner Zimmertür weiß jeder sofort, wo dein Reich ist!

So geht's:

1 Zeichne die Buchstaben deines Namens als Umriss-Buchstaben mit Bleistift groß auf einen Karton. Auf der Seite 107 findest du Buchstaben-Vorlagen.

2 Schneide die Buchstaben mit dem Cuttermesser vorsichtig aus.

3 Schneide einige kurze Wollstücke ab, gib ein wenig Kleber auf die schmale Kante eines Buchstabens und klebe die Wollstücke so darauf, dass sie abstehen.

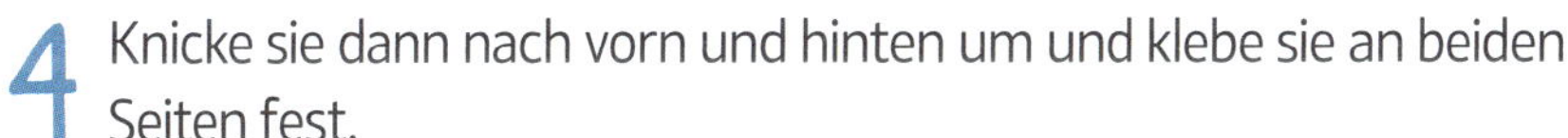

4 Knicke sie dann nach vorn und hinten um und klebe sie an beiden Seiten fest.

5 Wiederhole den Schritt an allen schmalen Enden des Buchstabens.

6 Nimm den Anfang eines Wollrest-Stücks, klebe es auf einem Ende fest und wickele die Wolle um den Karton.

7 Damit die Wolle gut hält, solltest du auf die Pappe immer wieder ein wenig Kleber geben, bevor du wickelst. Wickele Wollreste in verschiedenen Farben – so werden die Buchstaben schön bunt!

8 Deine fertigen Buchstaben kannst du mit speziellen doppelseitigen Klebestreifen an deine Zimmertür kleben. Achte darauf, dass die Streifen, die du dafür verwendest, wieder ablösbar sind!

Sternanhänger aus Teebeutel-Verpackungen

Das brauchst du:

Nicht wegwerfen:
- 8 gleich große Teebeutel-Verpackungen
- Woll- oder Schnurreste zum Aufhängen

Sonstiges:
- Schere
- transparentes Klebeband
- Flüssigkleber oder Niedrig-temperatur-Heißklebepistole

Früchtetee, schwarzer Tee, Erkältungstee, dazu leckere Teemischungen – Winterzeit ist Teezeit. Während du Tee trinkst, kannst du aus Teebeutel-Verpackungen originelle Weihnachtssterne in verschiedenen Farben basteln.

So geht's:

1 Schneide mit der Schere die weißen Ränder von den Teebeutel-Verpackungen ab.

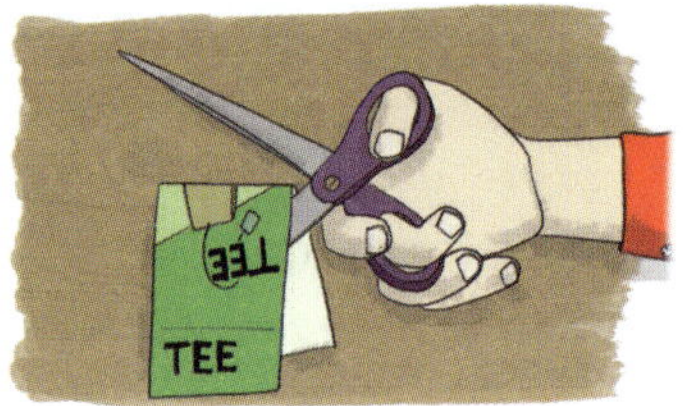

2 Lege dann die schmalen Kanten aufeinander und falte die Teebeutel in der Mitte. Schneide die Teebeutel an der Falzlinie auseinander. Du hast danach zwei Rechtecke.

3 Lege das Papier an der Längsseite aufeinander und falte es.

4 Öffne das Papier und falte die obere rechte Ecke zum Mittelfalz. Wiederhole diesen Arbeitsschritt bei den drei weiteren Ecken.

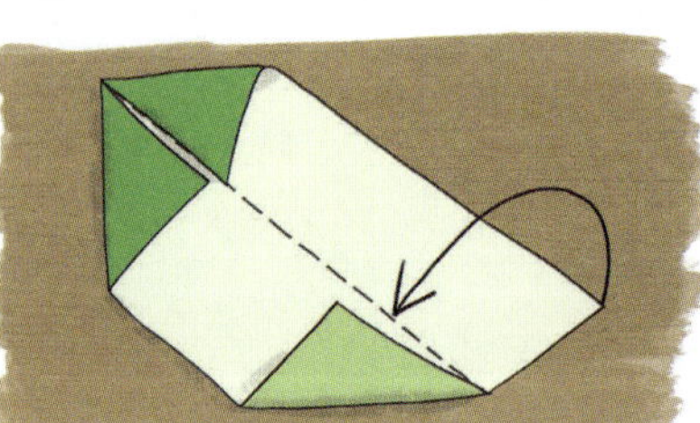

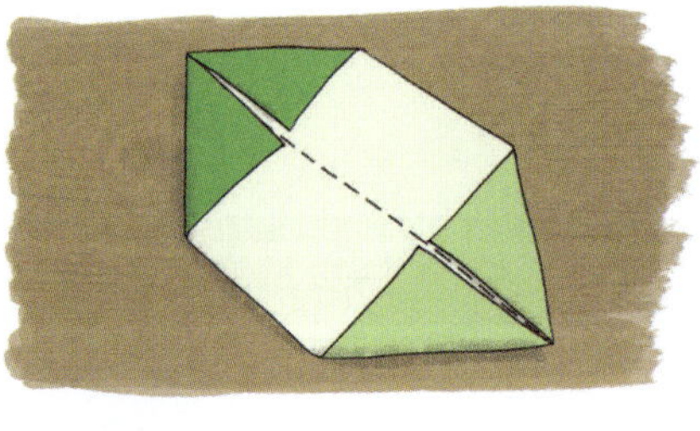

5 Falte dann rechts und links den oberen Falz in die Mitte.

6 Falte dann den rechten und linken unteren Falz ebenso in die Mitte.
Jetzt ist dein erster Zacken fertig.

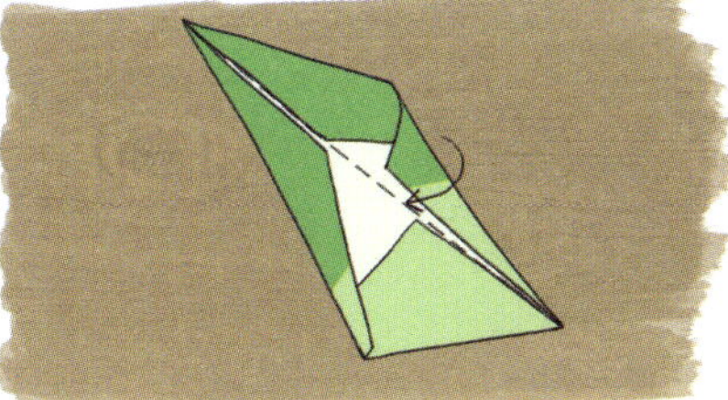

7 Wiederhole die Arbeitsschritte 1 bis 6 siebenmal. Dann hast du acht Zacken.

8 Lege die Zacken mit der gefalteten Seite nach unten so aneinander, dass sich die Kanten berühren. Nimm einen kleinen Streifen transparentes Klebeband und klebe es auf die Kanten.

9 Klebe die restlichen sechs Zacken so zusammen, dass sie einen Stern ergeben.

10 Jetzt fehlt nur noch die Schlinge zum Aufhängen: Schneide ein Stück Wolle oder Schnur ab, knote es zusammen und klebe es mit dem Klebeband an dem Stern fest.

11 Besonders schön wird der Stern, wenn du ihn doppelseitig gestaltest. Bastele zwei Sterne und klebe sie mit der glatten Seite aneinander. Achte darauf, dass die einzelnen Zacken versetzt angeordnet sind!

Kunterbunte Weihnachtsanhänger

Lust auf viele bunte Sterne? Sammele mit deiner Familie jede Menge Teebeutel-Hüllen in verschiedenen Farben.

Mach was zum Spielen aus Müll!

Deinen Freunden und dir ist total langweilig? Schnappt euch doch einfach ein paar leere Blechdosen, alte CDs oder Eisstäbchen und baut euch lustige Brettspiele, ein cooles Rennauto oder ein schnelles Katapult aus Haushaltsmüll. Das schont die Umwelt und macht so doppelt Spaß!

Dosenspiele für draußen

Für diese Spiele-Klassiker braucht ihr nur ein paar leere Konservendosen und Farbe und schon kann es losgehen!

Das brauchst du:

Nicht wegwerfen:
- mindestens 5 gleich große leere Konservendosen
- alte Zeitung

Sonstiges:
- unterschiedliche Acrylfarben und Pinsel
- 1 kleiner Ball
- Münzen, Eicheln, Kastanien, Nüsse oder Ähnliches zum Werfen

So geht's:

1 Als Erstes wäschst du die Dosen gründlich aus, entfernst die Etiketten und trocknest die Dosen anschließend ab.

2 Jetzt kann gemalt werden! Am besten legst du einige Stücke alte Zeitung unter die Dosen, falls Farbe danebenkleckst.

3 Gestalte die Dosen in deinen Lieblingsfarben ganz nach Lust und Laune. Du kannst Kringel malen, Punkte oder andere Muster oder du malst einfach jede Dose in einer anderen Farbe an. Vor dem nächsten Schritt muss die Farbe trocknen.

4 Schreibe mit Acrylfarbe und Pinsel unterschiedlich hohe Punktzahlen auf die Dosen, zum Beispiel: 10, 20, 50, 80, 100, 250 ... Die Zahlen müssen zu lesen sein, wenn die Dose mit der Öffnung nach oben steht. Danach muss die Farbe wieder trocknen.

5 Jetzt kann gespielt werden!

Dosenwerfen

So wird gespielt:

- Neben den Dosen braucht ihr für dieses Spiel einen kleinen Ball.
- Baut mit den Dosen einen Turm, wie im Bild gezeigt. Wenn ihr mehr als fünf Dosen habt, kann euer Turm etwas breiter und höher werden. Einige Schritte entfernt markiert ihr eine Wurflinie am Boden. Nun wird abwechselnd von der Linie aus geworfen. Zielt mit einem kleinen Ball auf den Dosenturm und versucht, mit einem Wurf möglichst viele Dosen umzuhauen. Wer die meisten Dosen trifft, gewinnt.
- Statt die Anzahl der umgeworfenen Dosen zu zählen, könnt ihr auch die Punkte auf den getroffenen Dosen zusammenrechnen – dann gewinnt, wer die höchste Punktzahl hat.
- Oder ihr zählt die Anzahl der Würfe, bis alle Dosen umgefallen sind. Hier gewinnt, wer die wenigsten Würfe benötigt, um alle Dosen abzuräumen.

Dosen-Zielwurf

So wird gespielt:

- Zum Werfen könnt ihr Münzen, Kastanien, Eicheln, Nüsse, Tannenzapfen oder was immer ihr gerade an kleinen Gegenständen findet, verwenden. Jeder Spieler bekommt drei Wurfgegenstände.
- Stellt die Dosen mit der Öffnung nach oben auf. Einige Schritte von den Dosen entfernt markiert ihr eine Wurflinie am Boden. Versucht nun abwechselnd von der Wurflinie aus in die Dosen hineinzutreffen. Jeder Spieler hat drei Würfe. Am Ende wird die Punktzahl der getroffenen Dosen zusammengerechnet. Wer die höchste Punktzahl hat, gewinnt.

Schiffe versenken

Wer hat als Erstes die Schiffe des Gegners versenkt? Perfekt für langweile Regentage und immer wieder benutzbar ist dieses abenteuerliche Strategiespiel aus Pizzakartons.

Das brauchst du:

Nicht wegwerfen:

- 2 leere Pizzakartons
- Pappreste (möglichst dicke Pappe)

Sonstiges:

- Acrylfarben in Blau und 2 weiteren Farben
- Pinsel
- schwarzen Filzstift
- Lineal
- Schere
- 1 Musterklemme
- einige Blatt weißes Papier, DIN A4
- Klebeband
- 2 Stifte (einen für jeden Spieler)

So geht's:

1 Bevor du losbastelst, säuberst du die Pizzakartons. Krümel schüttelst du einfach in den Restmüll. Falls Reste von Tomatensoße in den Kartons sind, kannst du sie mit einem leicht feuchten Lappen abwischen.

2 Sind die Kartons sauber, malst du sie innen aus: Der Boden wird blau wie das Meer, die Deckel malst du jeweils in einer anderen Farbe deiner Wahl aus, zum Beispiel einen in Pink, einen in Grün.

3 Mit Filzstift und Lineal zeichnest du nun auf die Meeresböden der Pizzakartons jeweils einen Spielplan mit 10 × 10 Kästchen. Nummeriere die Kästchen an den Rändern von 1 bis 10 und von A bis J.

4 Nun werden die beiden Kartons miteinander verbunden. Dazu bohrst du mit der Schere oben jeweils ein kleines Loch in die Ecken der Kartons. Stelle die Kartons dann Deckel an Deckel, schiebe eine Musterklemme durch die Löcher und biege sie um.

5 Damit ihr das gegnerische Meer beim Spielen im Blick habt und eure Treffer eintragen könnt, werden auf das weiße Papier ebenfalls zwei Spielpläne mit 10 × 10 Kästchen gezeichnet und mit den gleichen Zahlen und Buchstaben versehen. Schneide die Spielpläne aus und befestige mit Klebeband in jedem Pizzadeckel einen.

6 Die Schiffe schneidest du aus dicken Pappresten zurecht. Jeder Spieler benötigt folgende Schiffe für seine Flotte:

1 Schlachtschiff ↣ 5 Kästchen lang
2 Kreuzer ↣ 4 Kästchen lang
3 Zerstörer ↣ 3 Kästchen lang
4 U-Boote ↣ 2 Kästchen lang

7 Damit später klar ist, welche Schiffe wem gehören, malst du die Oberseiten jeder Flotte in einer anderen Farbe an. Ist die Farbe getrocknet, schneidest du die Schiffe in Plättchen, die jeweils so groß sind wie ein Kästchen des Spielfelds. Einen Zerstörer würdest du also in drei kästchengroße Einzelteile schneiden.

Die Seeschlacht kann beginnen!

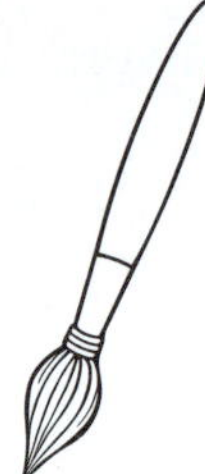

So wird gespielt:

- Zwei Spieler setzen sich einander gegenüber. Stellt das Pizzakarton-Spielfeld in die Mitte zwischen euch.
- Jeder Spieler erhält eine Schiffsflotte in einer Farbe.
- Ohne dass der Mitspieler es sieht, platziert nun jeder Spieler seine Schiffe auf seinem Meer (dem blauen Spielfeld unten). Legt die zerschnittenen Plättchen dazu mit der farbigen Seite nach oben wieder zu den oben beschriebenen Schiffen zusammen, zum Beispiel zwei Plättchen nebeneinander sind ein U-Boot.
  - Die Schiffe dürfen nicht aneinanderstoßen.
  - Die Schiffe dürfen nicht diagonal aufgestellt werden.
  - Die Schiffe dürfen nicht über Eck gebaut sein oder Ausbuchtungen haben.
- Der jüngere Spieler darf zuerst feuern. Der Schießende gibt die Koordinaten des Kästchens an, auf das er feuern will, zum Beispiel D5. Der Beschossene schaut auf sein Spielfeld und antwortet mit „Wasser", wenn der Gegner ein freies blaues Kästchen getroffen hat; mit „Treffer", wenn ein Schiffsteil das genannte Kästchen bedeckt. Ist ein Schiff getroffen, wird das Plättchen, das auf dem Kästchen liegt, umgedreht, sodass die farbige Seite unten liegt. Mit „versenkt" antwortet der Beschossene, wenn der Gegner das letzte farbige Plättchen eines Schiffes erwischt hat.
- Der Feuernde notiert seine Schüsse in dem leeren Spielfeld im Deckel, damit er den Überblick behält, wo er einen Treffer gelandet hat und wo Wasser ist. Treffer werden mit einem „X" markiert, Wasser mit einem Kreis.
- Ihr könnt entweder immer abwechselnd mit einem Schuss feuern. Oder der Angreifer darf so lange schießen, bis er ins Wasser trifft – dann ist der andere dran.
- Wer zuerst alle Schiffe des Gegners versenkt hat, hat gewonnen.

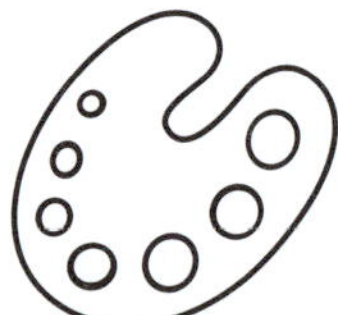

Schraubverschluss-Stempel

Das brauchst du:

Nicht wegwerfen:
- einige Schraubverschlüsse (von leeren Saft- oder Milchpackungen)
- Moosgummi (Farbe ist egal, kleinere Reste genügen)

Sonstiges:
- Stift
- Schere
- Alleskleber
- Acrylfarbe und Pinsel (oder Stempelkissen)
- eventuell Filzstifte

Hast du Lust, deine eigenen Stempel herzustellen? Dann sammle einfach Schraubverschlüsse, bevor sie im Gelben Sack landen, und schon bald kannst du losstempeln!

So geht's:

1 Zuerst spülst du die Schraubverschlüsse gründlich aus.

2 Zeichne dein Lieblingsmotiv mit dem Stift auf das Moosgummi oder übertrage eins der Motive aus den Vorlagen von Seite 106 darauf. (Wie du eine Vorlage überträgst, erfährst du auf Seite 22.)

3 Anschließend schneidest du das aufgezeichnete Motiv aus.

4 Klebe das Motiv an der Oberseite eines Schraubverschlusses fest und warte, bis der Alleskleber vollständig getrocknet ist.

5 Nun kann gestempelt werden: Pinsele den Stempel mit Acrylfarbe ein und drücke ihn auf ein Blatt oder eine Karte. Mit Filzstiften kannst du dein gestempeltes Bild noch weiter gestalten.

6 Für weitere Stempel wiederholst du Schritt 1 bis 4 mit anderen Motiven deiner Wahl.

Flaschen-Sanduhr

Eine Minute Pantomime oder Montagsmaler spielen, drei Minuten Zähneputzen – eine Sanduhr ist sehr praktisch, und wenn du sie bastelst, kannst du selbst entscheiden, welche Zeit sie messen soll.

Das brauchst du:

Nicht wegwerfen:

- 2 leere, gleich große Flaschen mit Schraubverschluss (oder 2 leere, gleich große Gläser mit Schraubdeckel)

Sonstiges:

- Kraftkleber
- 1 kleinen Holzklotz oder ein dickes Stück Pappe zum Unterlegen
- Hammer
- großen Nagel
- feinen Sand (zum Beispiel Vogelsand aus dem Drogeriemarkt)
- feines Sieb
- Trichter
- Stoppuhr (Handy)
- Washi Tape, Sticker oder buntes Papier und Kleber (zum Verzieren)

So geht's:

1 Spüle Flaschen (oder Gläser) und Deckel gut aus, entferne die Etiketten und trockne die Behälter ab.

2 Als Erstes klebst du die Deckel der Flaschen Außenseite auf Außenseite zusammen. Jetzt heißt es warten, bis der Kleber ausgehärtet ist!

3 Wenn der Kleber getrocknet ist, legst du einen Holzklotz oder ein Stück dicke Pappe (bei Bedarf mehrmals gefaltet) unter die Deckel und schlägst mit Hammer und Nagel ein Loch mittig in die Deckel hinein. Lasse dir hierbei von einem Erwachsenen helfen.

4 Siebe nun Steinchen und Holzstückchen aus dem Sand. Fülle anschließend eine der Flaschen etwas mehr als zur Hälfte mit Sand. Ein Trichter hilft, damit nichts danebengeht.

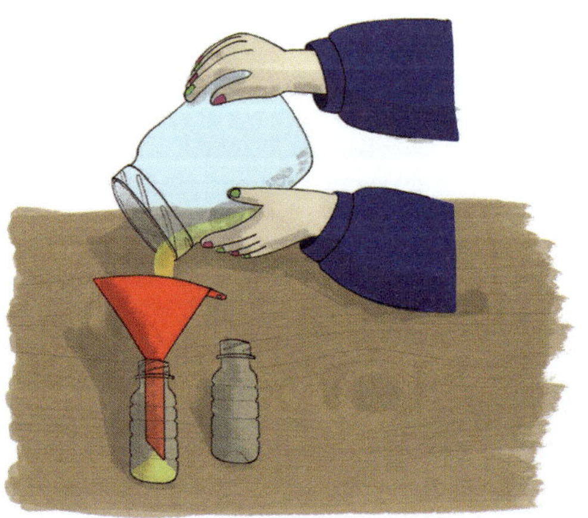

5 Schraube die befüllte Flasche mit den zusammengeklebten Deckeln fest zu und schraube dann die leere Flasche darauf.

6 Jetzt startest du den Uhrenvergleich: Drehe die Sanduhr um und starte gleichzeitig eine Stoppuhr. So kannst du genau messen, wie lange es dauert, bis der Sand von einer Flasche in die andere gerieselt ist. Für eine Runde Montagsmaler sollte die Uhr eine Minute rieseln. Ist sie zu schnell, füllst du Sand nach, ist sie zu langsam, nimmst du Sand weg. Wenn du die Sandmenge verändert hast, überprüfst du mit der Stoppuhr, wie lange die Uhr nun rieselt. Wiederhole das so lange, bis die Sanduhr auf die richtige Zeit „eingestellt" ist.

7 Zum Schluss kannst du die Sanduhr noch mit buntem Washi Tape, Stickern oder farbigem Papier bekleben – und schon kann gespielt werden!

Blechdosen-Roboter

Einen richtig coolen Roboter bastelst du ganz einfach aus leeren Konservendosen und allem möglichen Altmetall oder Verpackungsmüll.

Das brauchst du:

Nicht wegwerfen:
- leere Konservendosen
- Kronkorken, alte Topfreiniger, Knöpfe, alte Schrauben oder Muttern, Schraubverschlüsse, Deckel von Marmeladengläsern oder Ähnlichem, leer geschriebene oder kaputte Kugelschreiber (Mine, Feder, Hülse), ausgebrannte Teelichter …

Sonstiges:
- Alleskleber oder Niedrigtemperatur-Heißklebepistole
- eventuell Wackelaugen

So geht's:

1 Als Erstes spülst du die leeren Konservendosen gut aus und entfernst die Etiketten. Lasse die Dosen gut trocknen.

2 Breite nun die verschiedensten alten Metallteile und Verpackungen auf deiner Arbeitsfläche aus und überlege dir, was du für welchen Teil des Roboters verwenden möchtest. Als Körper dient eine große Konservendose, Augen kannst du zum Beispiel aus Kronkorken basteln oder einfach lustige Wackelaugen nehmen, Arme aus langen Schrauben oder eine Frisur aus einem alten Topfreiniger. Wie wäre es mit Antennen aus alten Kugelschreiber-Federn oder einem Helm aus einer leer gebrannten Teelicht-Hülse und ein paar Schaltknöpfen aus Schraubverschlüssen?

3 Mit Alleskleber oder einer Heißklebepistole fügst du die Teile zu einem Roboter zusammen. Möchtest du eine Heißklebepistole verwenden, lässt du dir am besten von einem Erwachsenen helfen.

Schattentheater

Du hast neue Schuhe bekommen? Wirf den leeren Karton nicht weg, du kannst daraus ein tolles Schattentheater basteln und ein eigenes Stück aufführen.

Das brauchst du:

Nicht wegwerfen:
- 1 leeren Schuhkarton

Sonstiges:
- Schere
- weißes Backpapier
- Kleber
- Bleistift
- schwarzes Tonpapier
- Holzstäbchen
- Taschenlampe

So geht's:

1 Schneide aus der Unterseite des Schuhkartons ein Sichtfenster heraus. Lasse dabei einen Rand rund um das Fenster stehen.

2 Jetzt legst du das Backpapier auf den Karton und schneidest an den Kartonrändern entlang ein passendes Backpapier-Rechteck.

3 Klebe das Backpapier von innen in den Karton – jetzt hast du ein Sichtfenster.

4 In den Vorlagen auf Seite 108 findest du verschiedene Figuren, die in deinem Stück mitspielen können. Übertrage die Vorlagen auf schwarzes Tonpapier und schneide sie aus. (Eine Anleitung findest du auf Seite 22.)

5 Die ausgeschnittenen Schattenrisse klebst du an Holzstäbchen als Griffe fest.

6 Lege eine Taschenlampe hinter den Schuhkarton, sodass das Sichtfenster von hinten angeleuchtet wird. Bewege nun die Figuren zwischen Lichtstrahl und Backpapier. Das Publikum nimmt vor dem Schuhkarton Platz und kann das Stück als Schattenspiel beobachten.

Vorhang auf!

Aus Stoffresten kannst du deinem Theater einen Vorhang basteln.

Klorollen-Kugelbahn

Rette einige Papprollen vor ihrem Ende in der Papiertonne und lasse schon bald Murmeln, Kugeln oder Flummis deine selbst gebaute Rennstrecke hinuntersausen.

Das brauchst du:

Nicht wegwerfen:

- leere Papprollen von Toilettenpapier oder Küchenpapier
- 2 kleinere Pappreste
- 1 großes Stück Pappe (zum Beispiel von einem alten Umzugs- oder Versandkarton)
- eventuell bunte Geschenk- oder Tonpapierreste
- leere Konservendose

Sonstiges:

- bunte Acrylfarben und Pinsel
- Schere
- flüssigen Bastelkleber
- Murmeln, Kugeln oder Flummis
- eventuell doppelseitiges Klebeband

So geht's:

1 Entferne zuerst alle Papierreste von den Papprollen.

2 Anschließend malst du die Rollen in deinen Lieblingsfarben an und lässt die Farbe trocknen. Wenn du keine Farben zu Hause hast, kannst du die Rollen auch mit bunten Geschenk- oder Tonpapierresten bekleben.

3 Aus zwei kleineren Pappresten kannst du ein Start- und ein Zielschild basteln.

4 Ist die Farbe getrocknet, schneidest du kleine Aussparungen in die Enden der Papprollen. So kannst du die Rollen leichter miteinander verbinden und die Murmeln kullern später besser von einer Rolle in die nächste.

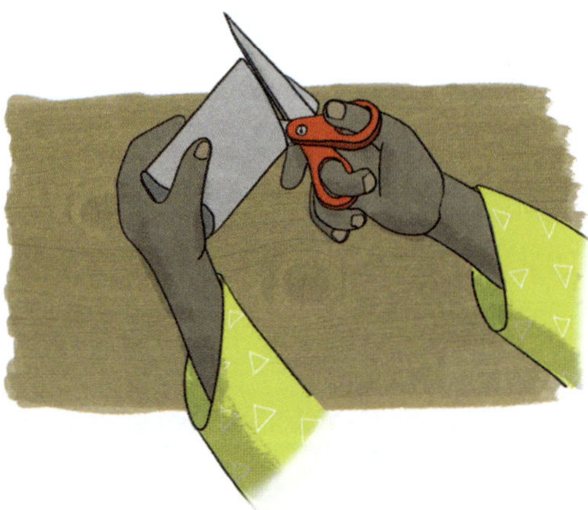

5 Jetzt baust du deine Rennstrecke. Klebe dazu die Papprollen mit Flüssigkleber an ein großes Stück Pappe. Beginne oben beim „Start“ und arbeite dich langsam nach unten zum „Ziel“ vor. Das Start- und Zielschild klebst du auf die erste beziehungsweise auf die letzte Rolle. Immer wenn du eine neue Rolle befestigt hast, lässt du probeweise eine Murmel durch den Parcours rollen, um zu prüfen, ob sie nicht irgendwo stecken bleibt. Für eine besonders lange Rennstrecke kannst du die Papprollen auch mit doppelseitigem Klebeband an deiner Zimmertür befestigen.

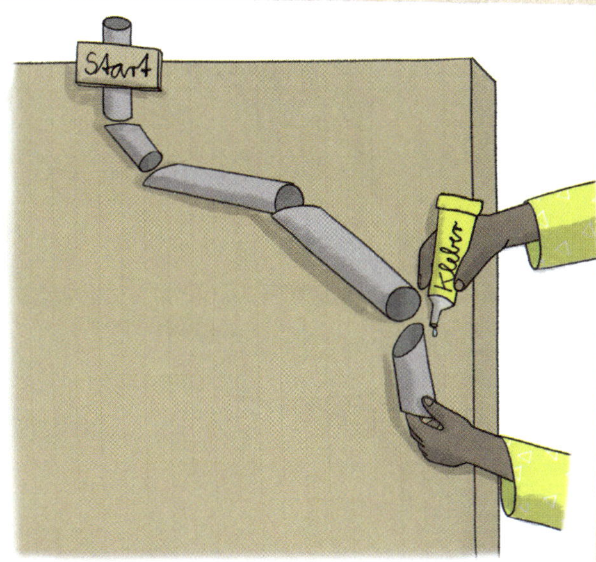

6 Und schon kann die Murmeljagd losgehen! Lasse deine Kugeln beim Start in die oberste Rolle plumpsen und verfolge, wie sie sich durch die Bahn bewegt. Damit die Murmel am Ende des Parcours nicht davonkullert, stellst du die leere Konservendose zum Auffangen unter die Ziel-Rolle.

Rennwagen mit Gummiband-Antrieb

Dieses selbst gebaute Rennauto aus Upcycling-Material wird nur mit einem Gummiband angetrieben. Bastle es nach und staune!

Das brauchst du:

Nicht wegwerfen:

- 1 leere Küchenpapierrolle (oder leere Rolle von Aluminium- oder Frischhaltefolie)
- 4 gleich große, leere Garnspulen
- 4 alte CDs/DVDs
- 4 größere Knöpfe
- 2 Trinkhalme

Sonstiges:

- eventuell Acrylfarben und Pinsel
- Niedrigtemperatur-Heißklebepistole
- Lochzange oder Locher
- Lineal
- Schere
- 2 Schaschlikspieße
- Bastelkleber
- 1 größere Büroklammer
- 3–4 Haushaltsgummis

So geht's:

1 Wenn du ein buntes Auto möchtest, entferne zuerst alle Papierreste von der Papprolle und male die Rolle dann mit Acrylfarbe an. Lege die Rolle zur Seite und lasse sie trocknen.

2 Klebe jeweils eine Garnspule mit Heißkleber genau in die Mitte einer alten CD oder DVD. Am einfachsten ist es, wenn du dazu eine Spule aufrecht auf deiner Arbeitsfläche vor dir aufstellst und die CD genau mittig obendrauf legst. Lasse dir beim Kleben mit Heißkleber von einem Erwachsenen helfen.

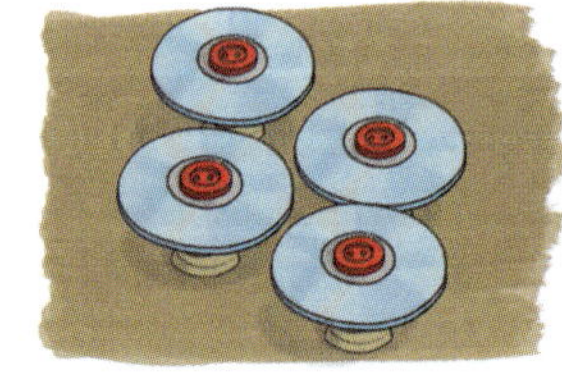

3 Auf die anderen Seiten der CDs klebst du – ebenfalls mit Heißkleber – die Knöpfe genau in die Mitte. Das sind deine Radkappen.

4 Mit einer Lochzange oder einem Locher machst du nun auf einer Seite der Papprröhre, ein Stückchen vom Rand entfernt, ein Loch. Mache ein zweites Loch auf der anderen Seite der Papprolle – genau gegenüber vom ersten Loch. Nimm ein Lineal zu Hilfe, damit beide Löcher genau denselben Abstand vom Rand haben. Das ist wichtig, damit dein Auto später nicht eiert. Wiederhole dies am anderen Ende der Papprolle.

Tipp

Damit die Löcher genau gleichmäßig ausgerichtet sind und dein Rennwagen später gut fahren kann, gibt es einen einfachen Trick: Spanne ein langes Gummiband um die gesamte Länge der Papprohre. Lege das Gummiband genau über die Mitte eines Loches und benutze es als Führ-Linie, um die restlichen Löcher zu platzieren (siehe Illustration).

5 Kürze einen der Schaschlikspieße mithilfe des Lineals auf 15 Zentimeter Länge, den anderen auf 21 Zentimeter Länge.

6 Schiebe nun vorn den kürzeren Schaschlikspieß durch die Achsenlöcher der Papprolle und hinten den längeren. Ruckle beide Holzstäbe zurecht, bis sie genau mittig und die Spießenden, die zu beiden Seiten der Rolle herausschauen, gleich lang sind. Der kürzere Spieß ist die Vorderachse des Autos, der längere die Hinterachse.

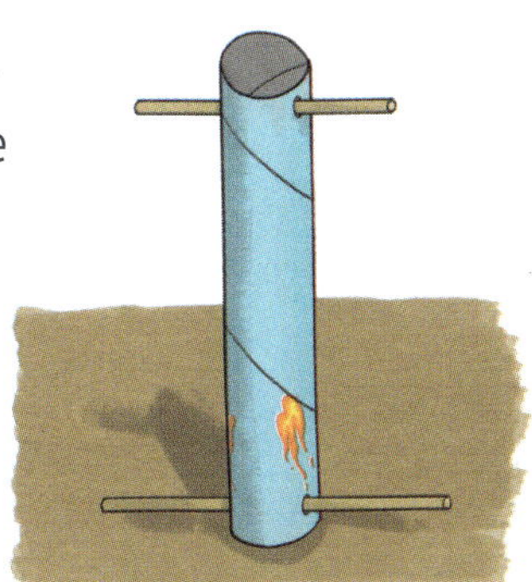

7 Aus Trinkhalmen schneidest du dir mithilfe des Lineals zwei je 2,5 Zentimeter lange Stopper und zwei je 5 Zentimeter lange Stopper zurecht. Schiebe nun die kürzeren Stopper über die Enden der Vorderachse und die längeren über die Enden der Hinterachse.

8 Nun bekommt dein Rennwagen Räder: Lasse dazu etwas Bastelkleber in die Löcher der Garnspulen tropfen und stecke sie dann an die Enden der Schaschlikspieß-Achsen.

9 Knüpfe aus drei bis vier Gummibändern eine Gummiband-Kette. Lege dazu zwei Gummibänder ineinander, forme eine Schlaufe und ziehe sie fest. Verlängere die Kette auf diese Weise Gummiband für Gummiband.

10 Schlinge nun das erste Gummiband der Kette um die Vorderachse im Inneren der Pappröhre und führe die gesamte Kette durch die Schlaufe. Festziehen.

11 Befestige eine große Büroklammer am Ende der Gummibandkette und lasse sie ins Innere der Papprolle plumpsen.

12 Greife ins hintere Ende der Papprolle, ziehe die Büroklammer samt Gummikette heraus und befestige sie am hinteren Rand der Papprolle. Die Gummikette sollte ungefähr so lang sein wie die Papprolle. Ist die Kette zu lang, entfernst du ein Gummiband.

13 Um den Rennwagen aufzuziehen, hältst du ihn mit der Hinterachse zu dir und drehst die Vorderräder gegen den Uhrzeigersinn. Die Gummibandkette schlingt sich dann um die Vorderachse und wird enger. Wenn sie straff ist, stellst du das Auto auf den Boden, lässt los und es düst davon!

Trinkhalm-Spiel

Das brauchst du:

Nicht wegwerfen:
- 1 leere Toilettenpapierrolle
- etwa 15 alte Trinkhalme

Sonstiges:
- Schere
- Acrylfarben und Pinsel (oder buntes Papier)
- Klebeband
- Locher
- Perlen oder kleine Murmeln

Aus alten Trinkhalmen und einer Toilettenpapierrolle hast du im Nu ein lustiges Geschicklichkeitsspiel gebastelt!

So geht's:

1 Falls du benutzte Trinkhalme wiederverwendest, spüle sie gut aus, schneide die Trinkspitzen ab und lasse die Halme trocknen.

2 Schneide die Toilettenpapierrolle der Länge nach auf. Male sie bunt an oder beklebe sie. Farbe trocknen lassen. Anschließend klebst du die Rolle mit Klebeband wieder zusammen.

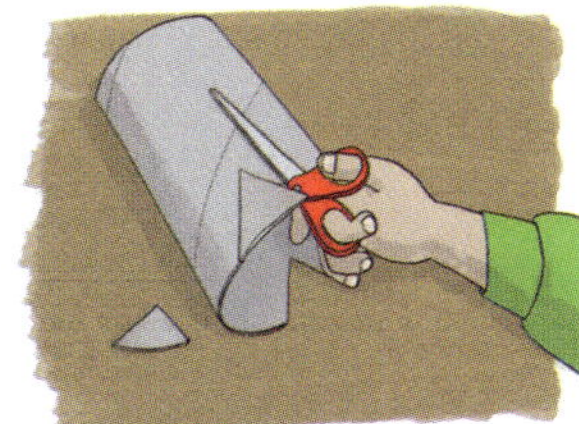

3 Schneide nun an einem Ende zwei Dreiecke aus der Rolle.

4 Jetzt drückst du die Rolle platt und stanzt mit dem Locher 15-mal kräftig in die doppellagige Rolle hinein. Drücke nun die platte Rolle wieder in Form und schiebe die Trinkhalme kreuz und quer durch die Löcher.

5 Nun füllst du die Perlen ein und das Spiel kann losgehen!

So wird gespielt:

Zieht reihum einen Trinkhalm aus der Papprolle. Bei wem dabei Perlen aus den Öffnungen kullern, der legt sie vor sich ab. Sobald alle Perlen herausgerollt sind, ist das Spiel beendet und die Perlen, die jeder Spieler vor sich gesammelt hat, werden gezählt. Derjenige mit den wenigsten Perlen gewinnt!

Piratenschiff aus Eierkarton

Das brauchst du:

Nicht wegwerfen:
- 1 leeren Eierkarton (für 10 Eier)
- schwarze Tonpapierreste
- weißen Papierrest

Sonstiges:
- Schere
- Acrylfarbe und Pinsel
- 2 Schaschlikspieße
- Bastelkleber
- Bleistift
- Piraten-Spielfiguren

Ahoi und volle Kraft voraus! Aus Eierkarton und Tonpapier baust du dein eigenes Piratenschiff.

So geht's:

1 Als Erstes schneidest du den Deckel vom Eierkarton ab. Für das Piratenschiff benötigst du nur das Unterteil.

2 Male den Eierkarton bunt oder in Piraten-Schwarz an und lasse die Farbe trocknen.

3 Aus dem schwarzen Tonpapier schneidest du zwei größere und zwei kleinere Rechtecke aus – das sind die Segel. Schneide auch eine Piratenflagge aus (ein kleines Rechteck, aus dem du an einer Seite ein Dreieck herausschneidest).

4 Bohre nun die beiden Schaschlikspieße in die Eierkartonspitzen. Spieße nun immer zwei Segel auf einen Schaschlikstab. Das große Segel nach unten, das kleinere darüber. Alles festkleben.

5 Für die Piratenflagge paust du die Vorlage des Totenschädels von Seite 106 auf etwas weißes Papier ab, schneidest den Schädel aus und klebst ihn auf die Flagge. (Eine Anleitung zum Abpausen findest du auf Seite 22.) Klebe nun die Piratenflagge oben an einen der Schaschlikspieße und bemanne eventuell dein Piratenschiff mit Spielfiguren.

Chipsdosen-Trommel

Das brauchst du:

Nicht wegwerfen:
- 7 leere Chipsdosen mit Deckel

Sonstiges:
- Schere
- Gewebeband
- Drumsticks oder alte Holz-Kochlöffel
- eventuell Maßband

Nach der letzten Party stapeln sich die Chipsdosen und ihr überlegt, wohin damit? Kein Problem, baue dir doch einfach ein cooles Trommelinstrument daraus.

So geht's:

1 Stelle die Chipsdosen ganz eng nebeneinander: eine Dose in die Mitte, sechs Dosen dicht darumherum.

2 Umwickele die Dosen-Gruppe oben und unten fest mit dem Gewebeband, bis sie gut zusammenhalten und nichts rutscht.

3 Jetzt bastelst du aus dem Gewebeband einen Haltegurt für deine Trommel. Um die richtige Länge abzumessen, kannst du dir ein Maßband um den Hals legen. Miss die Länge von deinem Bauchnabel um deinen Nacken herum wieder hinunter bis zum Bauchnabel. Schneide ein entsprechend langes Stück Gewebeband von der Rolle und falte es einmal der Länge nach in der Mitte. Am besten lässt du dir dabei von einem Freund helfen.

4 Anschließend klebst du den Gurt wieder mit Gewebeband oben an den Seiten der Trommel fest. Schnapp dir die Drumsticks oder alte Holz-Kochlöffel und trommle los!

Murmelgolf aus Schuhkarton

Das brauchst du:

Nicht wegwerfen:
- 1 leeren Schuhkarton
- Papierreste (helle Farben)

Sonstiges:
- Bleistift
- Schere
- Acrylfarben und Pinsel
- Filzstift
- Kleber
- pro Spieler 3 Murmeln (oder 3 kleine Bälle)
- Zettel und Stift

Wer locht die meisten Murmeln ein? Aus einem alten Schuhkarton bastelt ihr das perfekte Murmelhaus und schon kann es losgehen!

So geht's:

1 Nimm den Deckel vom Schuhkarton (den brauchen wir nicht) und stelle den Karton so vor dich hin, dass die Öffnung nach unten zeigt.

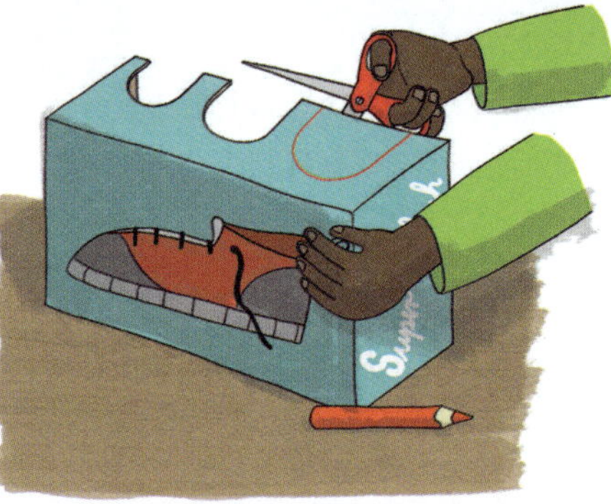

2 Zeichne nun mit dem Bleistift drei, vier oder fünf unterschiedlich große „Tore" auf den Karton und schneide sie aus.

3 Mit Acrylfarbe und Pinsel kannst du die Schuhschachtel bunt anmalen und gestalten, so wie du möchtest.

4 Während die Farbe trocknet, bastelst du aus Papierresten kleine Schilder und schreibst mit Filzstift verschiedene Punktzahlen für die Tore darauf – zum Beispiel 10, 20, 50. Je kleiner das Tor, umso höher ist die Punktzahl. Das kleinste Tor bringt die meisten Punkte.

5 Ist die Farbe trocken, klebst du die Punkte-Schildchen über die Tore. Fertig!

So wird gespielt:

- Zuerst sucht ihr euch einen geeigneten Ort, an dem ihr spielen könnt. Ihr braucht etwas Platz auf dem Fußboden und es sollte nichts Zerbrechliches herumstehen.
- Stellt das Murmelhaus auf und markiert etwas entfernt eine Wurflinie, von der aus ihr die Murmeln rollen lasst.
- Jeder bekommt drei Murmeln und dann wird reihum gespielt.
- Wenn du an der Reihe bist, versuchst du deine Murmeln von der Wurflinie aus in eines der Tore zu bekommen. Welche Technik du dabei anwendest, entscheidest du selbst. Ob werfen, schnipsen oder rollen – alles ist erlaubt.
- Triffst du mit einer Murmel eins der Tore, bekommst du die Punkte, die darüberstehen. Wer in einer Spielrunde die meisten Punkte erreicht, hat gewonnen.
- Damit nichts durcheinandergeht, schreibt ihr die Punkte nach jedem Wurf am besten auf.

Profi-Runde

In der Profi-Runde spielt ihr „mit Ansage", das heißt, bevor du schießt, sagst du vor jedem Wurf an, in welches Tor du treffen wirst. Wenn du es schaffst, bekommst du die Punktzahl. Triffst du nicht oder triffst du ein anderes Tor, gibt es keine Punkte.

Mini-„Armbrust“ aus Eisstäbchen und Knöpfen

Das brauchst du:

Nicht wegwerfen:
- 4 Eisstiele aus Holz
- 2 Knöpfe
- 1 langen Haushaltsgummi
- 1 Papier-Strohhalm

Sonstiges:
- Acrylfarbe mit Pinsel oder Marker
- Schere
- Niedrigtemperatur-Heißklebepistole
- Wattestäbchen

Kannst du gut zielen? Probiere es mit der selbst gebauten Mini-„Armbrust“ aus!

So geht's:

1 Male die Eisstiele mit Acrylfarbe oder einem Marker, mit dem du auf Holz malen kannst, an.

2 Warte, bis die Eisstiele getrocknet sind, und klebe mit Heißkleber jeweils zwei Eisstiele aufeinander. Lasse dir dabei von einem Erwachsenen helfen.

3 Nimm einen Doppel-Eisstiel als Griff und lege den anderen Doppel-Eisstiel so darauf, dass die Eisstiele ein Kreuz bilden. Der obere Teil des Kreuzes sollte sehr kurz sein! Klebe den Eisstiel, der quer liegt, mit Heißkleber fest.

4 Nimm den Strohhalm und schneide ein 6 bis 8 Zentimeter langes Stück ab.

5 Drehe die Konstruktion um, sodass die Querstange unten ist. Klebe den Strohhalm mit Heißkleber im Bereich über der Querstange auf den Griff.

6 Klebe dann die beiden Knöpfe etwa 2 Zentimeter von den Enden entfernt auf die Querstange.

7 Jetzt spannst du den Gummi ein: Lege den Gummiring unter die Konstruktion und wickle ihn erst um einen Knopf.

8 Führe das Gummiband unter der Konstruktion durch und wickele es um den anderen Knopf.

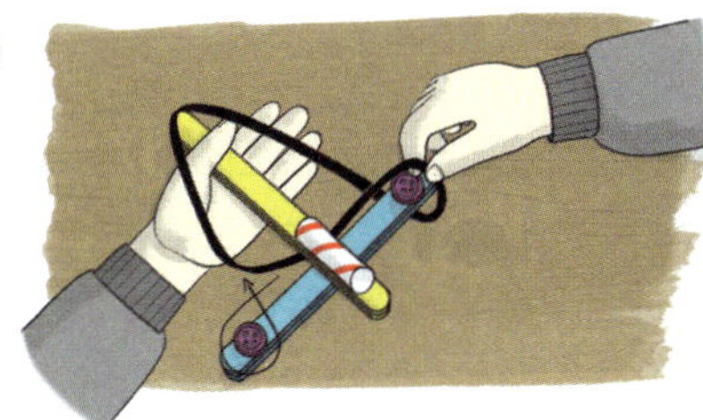

9 Dann spannst du den Gummi hinten am Griff ein.

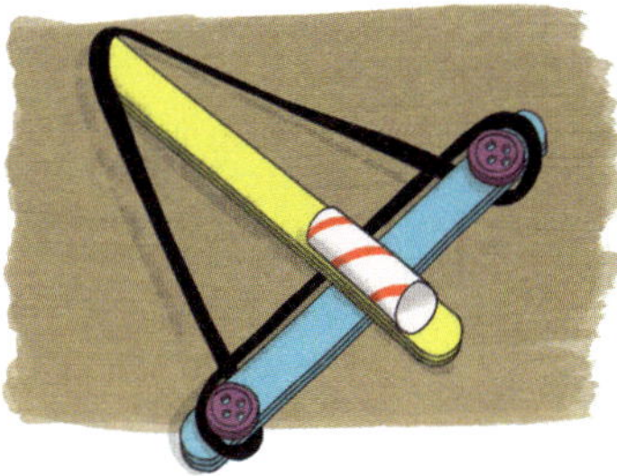

10 Lege ein Wattestäbchen in das Röhrchen, spanne den Gummi, ziele und schieße!

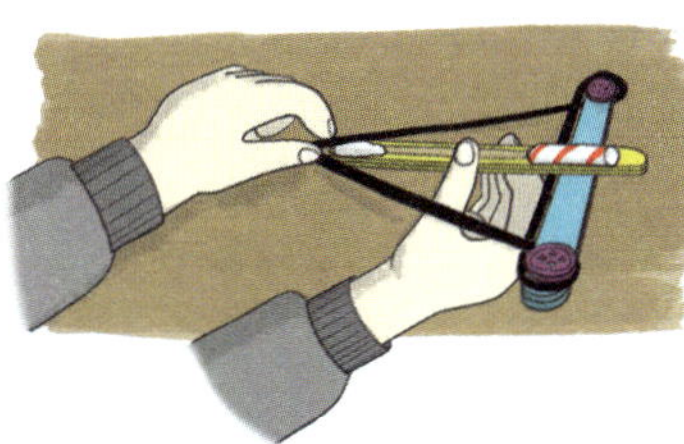

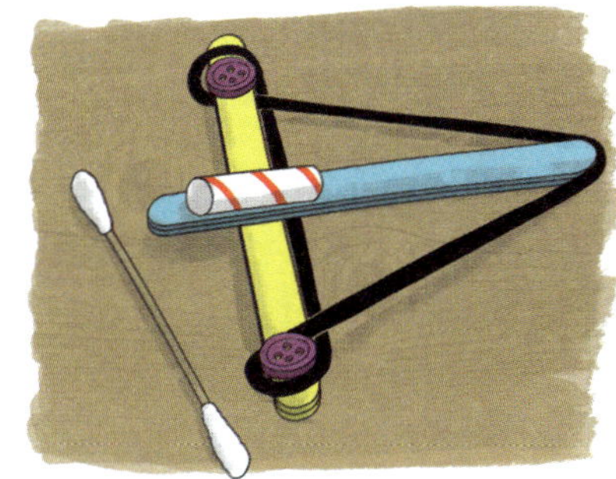

Schneller Flieger!

Damit die Wattestäbchen gut fliegen, kannst du die Watte vorn und hinten leicht anfeuchten und fest zusammendrücken.

Achtung!
Ziele und schieße nie auf Menschen oder Tiere, sondern nur auf Dinge, die dabei auch nicht kaputtgehen können, zum Beispiel auf alte Konservendosen.

Brettspiele „to go"

Brettspiele „to go" sind perfekt für alle, die gern unterwegs sind! Du triffst dich mit einem Freund oder einer Freundin? Dann ist *Mühle* das richtige Spiel für euch! *Mensch ärgere dich nicht* kannst du auch zu zweit spielen. Mehr Spaß macht es aber, wenn ihr mehrere Mitspieler seid.

Das brauchst du für *Mühle:*

Nicht wegwerfen:

- Deckel von Getränkeflaschen in zwei verschiedenen Farben, in jeder Farbe 9 Deckel
- 1 helle Baumwolltasche (auf einer Seite unbedruckt)

Sonstiges:

- schwarzer Stoffmalstift

So geht's – *Mühle:*

1 Zuerst suchst du im Internet eine Spielvorlage für dein *Mühle*-Spiel (siehe Abbildung rechts).

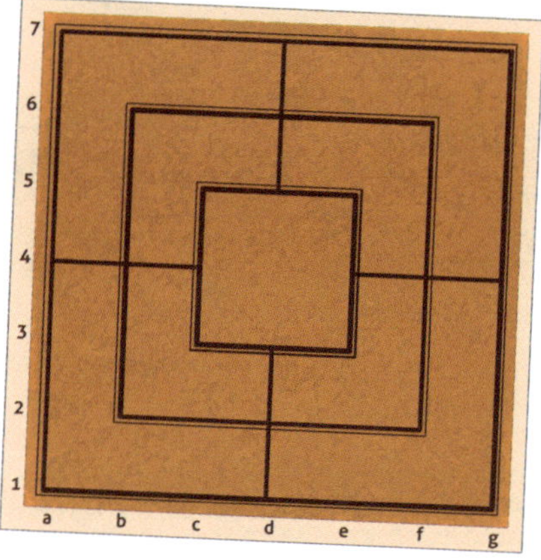

2 Drucke sie aus und lege sie so in die Tasche, dass sie durchschimmert und du sie mit dem Stoffmalstift abpausen kannst. **Wichtig:** Achte darauf, dass beim Abpausen das Papier in der Tasche nicht verrutscht!

3 Damit die Farben halten und du die Stofftasche waschen kannst, solltest du einen Erwachsenen bitten, die Tasche zu bügeln, um damit die Stofffarbe zu fixieren.

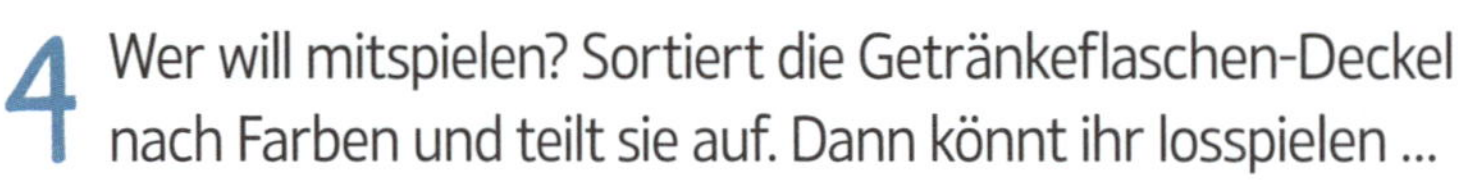

4 Wer will mitspielen? Sortiert die Getränkeflaschen-Deckel nach Farben und teilt sie auf. Dann könnt ihr losspielen ...

So geht's – Mensch ärgere dich nicht:

Das brauchst du für *Mensch ärgere dich nicht:*

Nicht wegwerfen:

- jeweils 4 alte Knöpfe oder Deckel von Getränkeflaschen in verschiedenen Farben (in Rot, Gelb, Grün, Blau)
- helle Baumwolltasche (auf einer Seite unbedruckt)

Sonstiges:

- Stoffmalstifte (in Rot, Gelb, Grün, Blau, Schwarz)
- Würfel mit Augen

1 Suche im Internet eine Spielvorlage für dein *Mensch-ärgere-dich-nicht*-Spiel (siehe Abbildung unten).

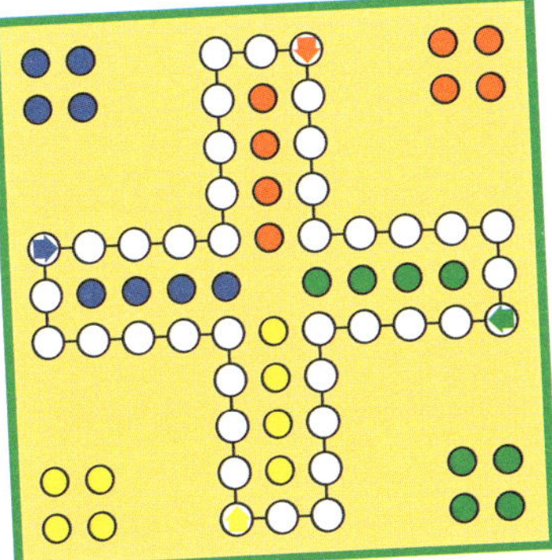

2 Drucke sie aus und lege sie so in die Tasche, dass sie durchschimmert und du sie mit dem schwarzen Stoffmalstift abpausen kannst.
Wichtig: Achte darauf, dass beim Abpausen das Papier in der Tasche nicht verrutscht!

3 Male die Spielfelder mit den übrigen Stoffmalfarben bunt aus. Halte dich an die Vorlage!

4 Damit die Farben halten und du die Stofftasche waschen kannst, solltest du einen Erwachsenen bitten, die Tasche zu bügeln, um damit die Stofffarbe zu fixieren.

Jetzt brauchst du nur noch einen oder maximal vier Spielpartner und ihr könnt loslegen:

Nehmt die Knöpfe, legt sie auf die Ausgangsspielfelder und los geht's mit dem Würfeln ...

Fang den Ball!

Augen auf und schnell reagieren – dieses selbstgemachte Spielzeug ist ein Geschicklichkeits-Klassiker!

Das brauchst du:

Nicht wegwerfen:
- 1 PET-Flasche, 1,5 Liter
- 1 alten, großen Knopf

Sonstiges:
- Cuttermesser oder Schere
- 2 Haushaltsgummis
- Marker, der auf Kunststoff hält
- dünne Schnur oder dickeren Faden (Bäckergarn oder Wurstfaden)
- dünnen Handbohrer
- Tischtennisball

So geht's:

1 Spüle die Flasche gut aus und löse die Etiketten ab. Dann schneidest du etwa 15 Zentimeter unterhalb der Öffnung vorsichtig mit dem Cuttermesser oder der Schere die Flasche in zwei Teile.

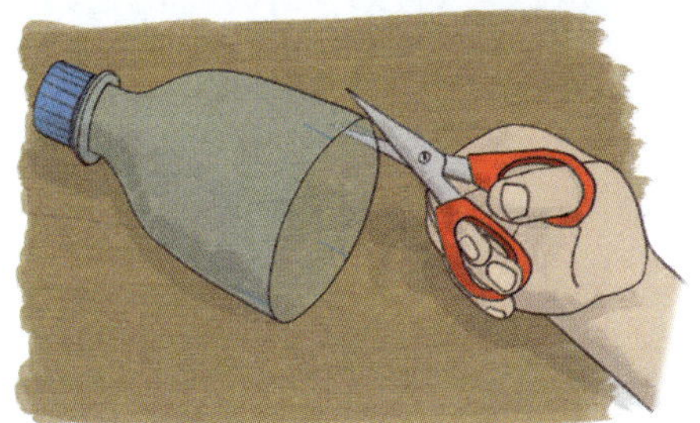

2 Nimm die obere Hälfte der Flasche und zeichne am Rand oben und unten sowie links und rechts Markierungen mit dem Marker ein. Achte darauf, dass sich die Markierungen gegenüberliegen.

3 Schneide die Flasche an den Markierungen etwa 1 Zentimeter tief ein.

4 Nimm einen Gummi, spanne ihn ein wenig und führe ihn oben und unten in die Spalten der aufgeschnittenen Flasche. Der übrige Gummi umspannt die rechte Seite der Flasche. Den zweiten Gummi spannst du von unterhalb der Flasche quer über die Flasche und führst ihn in die Spalten rechts und links ein.

5 Die Gummis liegen dann kreuzweise gespannt über dem offenen Flaschenboden.

6 Binde dort, wo sich die Gummis kreuzen, eine etwa 25 Zentimeter lange, dünne Schnur oder einen Faden an.

7 Bohre mit einem Handbohrer ein kleines Loch in den Deckel der Flasche.

8 Nimm den Flaschendeckel ab und fädele die Schnur durch das Loch im Deckel. Ziehe die Schnur durch und schraube dann den Deckel wieder auf.

9 Befestige den großen Knopf am Ende der Schnur.

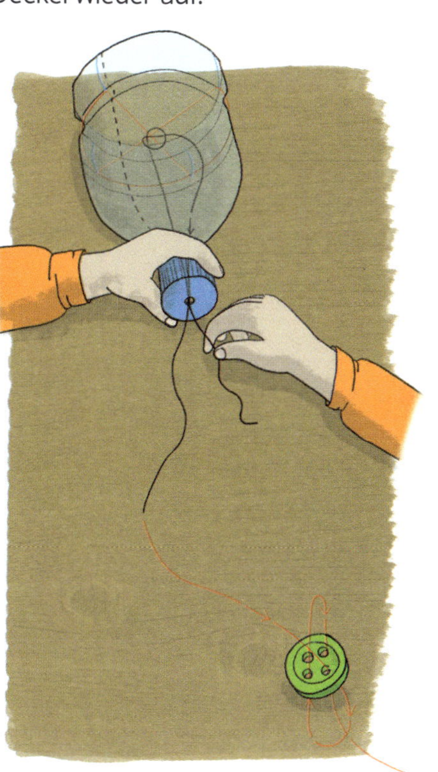

10 Lege nun den Tischtennisball oben in die Flasche und ziehe so weit an der Schnur, dass sich der Ball ein bisschen nach unten bewegt.

11 Lasse die Schnur los – der Ball wird in die Luft katapultiert! Jetzt kommt es darauf an: Kannst du den Ball wieder einfangen?

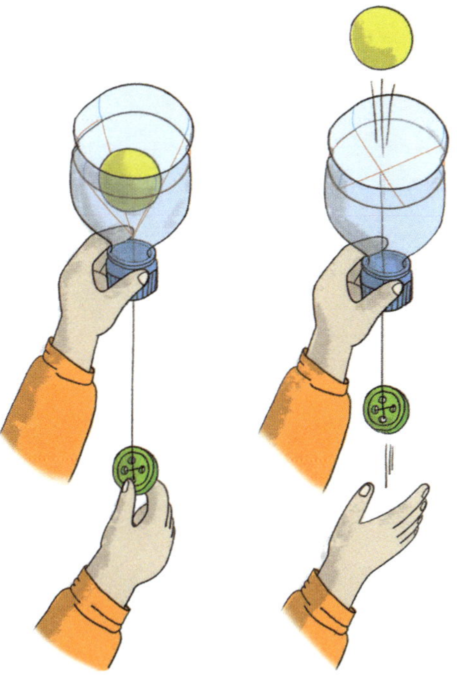

Wäscheklammer-Katapult

Wie weit kannst du schießen? Aus Joghurtbecher und Wäscheklammer hast du dir im Handumdrehen ein Mini-Katapult gebaut.

Das brauchst du:

Nicht wegwerfen:
- 1 leeren Joghurt- oder Quarkbecher
- 1 alte Wäscheklammer
- 1 Schraubverschluss
- 1 Eisstiel aus Holz
- eventuell alte Perlen, Knöpfe, bunte Gummibänder oder bunte Tonpapierreste
- eventuell Wollreste

Sonstiges:
- Schere
- Bastelkleber
- Washi Tape
- Niedrigtemperatur-Heißklebepistole
- kleine Pompons oder Erdnüsse (in der Schale)
- Filzstifte

So geht's:

1 Zuerst spülst du den Joghurt- oder Quarkbecher gut aus und trocknest ihn ab.

2 Du kannst den Becher mit buntem Washi Tape und Tonpapierresten bekleben oder ihn einfach mit mehreren bunten Gummibändern umwickeln.

3 Nun ist der Eisstiel an der Reihe. Auch ihn spülst du gut ab und trocknest ihn dann. Zur Verzierung kannst du den Stiel mit Washi Tape, bunten Perlen oder Knöpfen bekleben. Ein Ende des Stiels lässt du dabei frei – dort wird später der „Sitz“ des Katapults befestigt.

4 Jetzt klebst du die Wäscheklammer mit Heißkleber auf den Becher. Da der Kleber sehr heiß wird, lässt du dir dabei am besten von einem Erwachsenen helfen.

5 Klebe anschließend, ebenfalls mit Heißkleber, einen ausgespülten Schraubverschluss mit der Öffnung nach oben auf das freie Ende des Eisstiels.

6 Zum Schluss klebst du den Eisstiel mit Heißkleber oben auf die Wäscheklammer. Lasse den Kleber fest werden und schon ist dein Katapult fertig.

7 Als Munition kannst du kleine Pompons verwenden oder dir aus Erdnüssen bunte „Fluggäste“ basteln. Dazu malst du den Erdnüssen ein Gesicht und klebst ihnen mit Wollresten Haare an.

8 Setze nun Pompon oder Erdnuss in den Schraubverschluss-„Sitz“, drücke den Eisstiel hinter dem Sitz so weit nach unten wie möglich, lasse ihn los und schon saust dein Geschoss durch die Luft.

Bastelvorlagen

Stiftehalter (Vorlage zur Seite 36)

Vorlage auf
200 Prozent
vergrößern

Vorlage auf 200 Prozent vergrößern

Vorlage auf
200 Prozent
vergrößern

Silhouettenbild (Vorlagen zur Seite 64)

Vorlage auf ungefähr 150 Prozent vergrößern

Schraubverschluss-Stempel (Vorlage zur Seite 77)

Piratenschiff (Vorlage zur Seite 88)

Buchstaben (Vorlage zur Seite 67)

Vorlage auf ungefähr 300 Prozent vergrößern

Schattentheater (Vorlage zur Seite 81)

Projektverzeichnis

Bildnachweis

dpa, Picture-Alliance, Frankfurt: picture-alliance/dpa/Matheisl: 14 Mi., picture alliance/ZB | Z6944 Sascha Steinach 14 u.

shutterstock.com: Frankvr 6 o., Birth Brand 6 u., Vladiri 7 o., Purple Clouds 7 Mi., Isaieva Liudmyla 7 u., Ralf Liebhold 9 li., Puput 9 re., Animaflora PicsStock 10, 9dream studio 11, Heiko Kueverling 12, photka 13, SIVStockStudio 14 o., Rich Carey 15, AlenKadr 16 o., Mega Pixel 16 u., elenavolf 17 o., wasanajai 17 u., Foxys Forest Manufacture 18 o., CalypsoArt 18 u., Tero Vesalainen 19 o., HollyHarry 19 u., Guztsudio 20 o., ex_artist 20 Mi. (Büroklammer), Farber 20 Mi. (CD), Italian Food Production 20 u., Kozak Sergii 22 o., Shyamalamuralinath 22 Mi., Africa Studio 22 u., PandaWild 95 o., In-Finity 106 u., sunnychicka 94 o., helenpyzhova 107, balabolka (Doodles), Natasha Pankina (Doodles), redchocolate (Doodles), rassco (Doodles), jvillustrations (Doodles)

Quellenangaben

S. 10 Beleg zu „Schon gewusst“-Kasten: Umweltbundesamt, 28.07.2020, *Deutschlands Restmüll hat sich in 35 Jahren fast halbiert,* https://www.umweltbundesamt.de/presse/pressemitteilungen/deutschlands-restmuell-hat-sich-in-35-jahren-fast, Zugriffsdatum: 19.07.2021

S. 12 Beleg zu „Nur rund 75 Prozent der gebrauchten Bekleidungs- und Haustextilien werden in Containern wieder eingesammelt.“: Bundesverband Sekundärrohstoffe und Entsorgung, 2020, *Alttextilstudie,* https://www.bvse.de/gut-informiert-textil-recycling/studie-2020.html, Zugriffsdatum: 30.07.2021

S. 14 Absatz oben: Broschüre von Lilian Busse und Bettina Rechenberg, Juni 2019, *Kunststoffe in der Umwelt,* https://www.umweltbundesamt.de/publikationen/kunststoffe-in-der-umwelt, Zugriffsdatum: 19.07.2021

S. 16 Absatz oben: Umweltbundesamt, Dezember 2020, *Abfälle im Haushalt,* https://www.umweltbundesamt.de/sites/default/files/medien/1410/publikationen/2020_abfaelle_im_haushalt_bf.pdf (S.8) sowie Umweltbundesamt, 27.10.2018, *Verpackungsverbrauch 2018 weiter gestiegen,* https://www.umweltbundesamt.de/presse/pressemitteilungen/verpackungsverbrauch-2018-weiter-gestiegen; Zugriffsdatum: 30.07.2021

Umwelt schützen – Vielfalt bewahren

112 Seiten, ab 8 Jahren
ISBN 978-3-8174-2957-8

Denkt an die Umwelt!

Meere voller Plastik, brennende Wälder, aussterbende Tierarten – die Erde braucht unsere Hilfe! Doch warum ist es so weit gekommen und was kann jeder tun, damit sich was ändert? In diesem Sachbuch erfahren Kinder alles Wichtige rund um den Umweltschutz.

Schützt das Klima!

Was ist eigentlich dieser Klimawandel, von dem jeder spricht? Was bedeutet das 1,5-Grad-Ziel? Und was geht mich das alles überhaupt an? Diese und viele weitere Fragen zum Thema Klimaschutz werden dir hier erklärt!

112 Seiten, ab 8 Jahren
ISBN 978-3-8174-2955-4

Ab nach draußen: Werde Naturdetektiv!

Spannendes Wissen rund um
die heimische Tier- und Pflanzenwelt

96 Seiten
ISBN 978-3-8174-1898-5

96 Seiten
ISBN 978-3-8174-1900-5

96 Seiten
ISBN 978-3-8174-1905-0

96 Seiten
ISBN 978-3-8174-1902-9

96 Seiten
ISBN 978-3-8174-1899-2

96 Seiten
ISBN 978-3-8174-1901-2

96 Seiten
ISBN 978-3-8174-1904-3

96 Seiten
ISBN 978-3-8174-1903-6

circon